Susi Menzel

Das Leben am Vogelfutterhaus

Das Tagebuch

Susi Menzel

Das Leben am Vogelfutterhaus

Das Tagebuch

Ich möchte singen wie ein Vogel und mich nicht
darum kümmern, wer mich hört und was sie denken.
Rumi 1207 – 1273 n.Chr.

Inhaltsverzeichnis

Vorwort

Der Apfelbaum steht seit vielen, vielen Jahren am Rand der Terrasse. Er ist ordentlich verknorpelt und inzwischen ziemlich ausladend, sodass er ein großes Stück der Wiese und Terrasse beschattet. Im Laufe der Generationen unserer Familie hat es sich dadurch herauskristallisiert, wo die Tische und Stühle stehen: Es gibt einen Platz, der während des Frühstücks im Sommer Schatten hat, während der große, braune Tisch, der direkt an der Hauswand steht, für ein sommerliches Mittagessen auf der Terrasse schon genügend Schatten abbekommt. Zum Abend hin, wenn die Sonne von der anderen Seite des Hauses herabschaut und sie nicht mehr so viel Kraft hat, dann gibt es am Ende des Gartens einen Platz für das Abendbrot. Von dort aus hat man einen herrlichen Blick auf den wunderschönen Apfelbaum im Ganzen und kann die vielen Vögel beobachten, die nach der brutalen Tageshitze endlich im kühlen Schatten ihre Mägen am Vogelfutterhaus füllen wollen. Während der Brutsaison gibt es jeden Tag eine zweite Fütterung.

Meine drei Pfiffe, die das Befüllen des Häuschens anzeigen, ertönen auch jeden Morgen, wenn das Gras noch nass vom Tau ist. Das Frühstück für die Vögel ist das erste, was meinerseits im Garten passiert, oft begleitet von dem gähnenden Krächzen der Krähen, die sich seit Sonnenaufgang auf der großen Linde am Bahndamm sammeln, um gemeinsam mit Hunderten ihrer Artgenossen zum nahe gelegenen Feld zu fliegen und dort nach Futter buddeln.

Morgens und abends zwitschern die Singvögel fröhlich ihre wunderbaren Melodien, die jedoch eigentlich nur besagen: „Ich bin hier. Das ist mein Revier! Bleib bloß weg."

Genau im Zentrum dieser Plätze steht das Vogelfutterhäuschen, das schon so viele Generationen von Vögeln aufgesucht haben. Diesen Platz und die Information über den gedeckten Tisch haben sie an ihre Nachkommen weitergegeben, die sich unerschütterlich darauf verlassen, dass es dort immer Futter und Wasser gibt. Sie alle stürmen das Häuschen und holen sich, was in die Mägen hinein geht.

Irgendwann fing ich an, sie genauer zu beobachten und mir ihre Erlebnisse aufzuschreiben. Und so sind zwei Bücher entstanden: Dieses Tagebuch und das Buch mit den Geschichten, in denen die Vögel auch selber zu Wort kommen.

Das Tagebuch

Meine Beobachtungen von
Dezember 2019 bis März 2021

Der Standort ist mein Garten
in Minden in Ostwestfalen

*Das Vogelfutterhaus mit Efeu"baum" und Apfelbaum
steht direkt vor meinem Wohnzimmerfenster und ist
der Dreh- und Angelpunkt des Geschehens.*

Es gibt Dinge, die weiß man zwar, nimmt sie aber erst wahr, wenn man sich näher mit einer Sache beschäftigt. So erging es mir, als ich beschlossen hatte, ein Jahr lang „meine" Vögel am Vogelfutterhaus zu beobachten.

Zu Weihnachten hatte ich einen Kalender mit wunderschönen Naturzeichnungen geschenkt bekommen. Dorthinein wollte ich meine täglichen Notizen schreiben. Bereits am 29.12.2019 fing ich an. Dass nun ausgerechnet das Jahr 2020 ein besonderes für die gesamte Welt werden würde, ahnte damals noch niemand, obwohl das Wort „Corona" erstmals in den Abendnachrichten aufgetaucht war, in der Form, dass es in China einen Virus gab. Dass so etwas überhaupt erwähnt wurde, war schon seltsam, aber China war weit weg. Doch es kam schnell näher und legte alles lahm. Da ab März 2020 quasi die gesamte Menschheit durch Lockdowns eingeschlossen wurde und wir alle zu Homeofficern und Vereinsamten wurden, beobachteten ziemlich viele Menschen Vögel. Das geht gut zu Hause: Fenster auf und schon kann man sie sehen und hören.

Im Dezember hörte ich jedoch keinen Vogelgesang. Diese herrlichen Melodien, die uns so berühren, gibt es eben außerhalb der Brutsaison nicht. Die ist in der Regel zwischen Ende Februar und Ende Juli. Und da wir Menschen vieles in der Natur falsch verstehen, sei erwähnt, dass die Vögel nicht singen, um uns zu erfreuen. Es ist ein Revierverhalten. Hauptsächlich der männliche Vogel will damit sagen: „Das ist mein Revier! Bleib bloß weg!" Damit imponiert er den Weibchen, indem er beweist, dass er sein Nest beschützen kann.

Um Weihnachten und Silvester herum waren naturgemäß die kürzesten Tage des Jahres. Somit war es lange dunkel und welcher Vogel will dann schon singen? Erst wenn die Tage spürbar länger werden, beginnen die Vögel, die den Winter hier bei uns verbracht haben, mit den ersten Vorbereitungen für die Brutsaison. Sie suchen sich Nistplätze aus, halten Ausschau nach Weibchen, putzen sich heraus, ölen ihre Stimme und trainieren tanzend ihre Kampfkünste. Wer als Vogel etwas auf sich hält, möchte selbstverständlich die hübscheste, agilste, mütterlichste und tollste Frau der Welt für sich gewinnen – und der muss man schon etwas ganz Besonderes bieten!

29.12.2019

Mein neuer Platz ist am Fenster zum Garten hin. So kann ich die Vögel besser (oder überhaupt) beobachten. Vormittags habe ich gutes Licht, um Fotos zu machen, während ich nachmittags einfach nur beobachte.

Das Rotkehlchen sitzt auf dem Rasen unter dem Vogelhaus. Es ist schon nicht mehr ganz hell, darum erkennt man es kaum. Nur wenn es seine rote Brust in meine Richtung streckt, blitzt das Rot kurz auf. Ansonsten verschmilzt es mit dem Untergrund derart, dass es auch vertrocknetes Blatt sein könnte, würde es nicht beim Picken nach Körnern den Kopf hoch und runter heben. Währenddessen fliegt die Kohlmeise im Sekundentakt vom Häuschen zum Rosenbogen, hämmert dort die Körner auf und schluckt das weiche Innere beim losfliegen herunter.

Schon einige Minuten später sind beide wieder verschwunden. Sie suchen schon frühzeitig einen geschützten Schlafplatz für eine weitere kalte Nacht.

30.12.2019
Die Wolken sind heute früh eigenartig weiß-grau gestreift. Die Sonne guckt hin und wieder hindurch und zeigt ein Stück des blitzblauen Himmels hinter der Wolkenwand.
Heute habe ich das zweite Vogelhäuschen aufgestellt. Direkt vor dem Schuppen und rechts vom Wohnzimmerfenster. Eine Wildtierkamera ist ebenfalls aufgestellt. Ich möchte doch gerne wissen, wann jemand und wer an die neue Futterstelle kommt.

01.01.2020

Die Silvesternacht mit ihrer Knallerei ist für alle Tiere furchtbar. Sie schrecken auf und wissen gar nicht, was los ist. Sie tun mir immer unendlich leid, denn in der Kälte verlieren sie durch das plötzliche Aufschrecken und der folgenden Flucht viel Energie. Für so kleine Wesen wie unsere Gartenvögel kann das sehr gefährlich sein. Darum hatte ich mich entschieden, vor Silvester noch eine weitere Futterstelle einzurichten, an der sie sich den nächsten Morgen sattfressen konnten, ohne lange suchen zu müssen.

Das neue Vogelhaus auf der kleinen Wiese vor dem Schuppen wird schon von den Kohlmeisen angeflogen. Ob die Spatzen auch dran gehen werden, weiß ich nicht. Heute Vormittag saßen sie alle in der Sonne im Efeubaum und auf den Ästen des alten Apfelbaums, der direkt danebensteht. Trotz Sonne war es recht kalt. Das Wasser im Napf und in der Seerosenwanne ist den ganzen Tag über gefroren gewesen. Vielleicht waren deshalb so wenige Vögel da. Es war aber auch so nasskalt und feucht, wer will da schon unnötig raus? Da Vögel keinen Vorratsschrank haben, müssen sie raus. Deshalb bekommen sie von mir eine extra Portion Futter, damit sie nicht so lange nach Nahrung suchen müssen und sich ein Fettpolster für die lange, kalte Nacht anfressen können.

Mit meinem „Fenstergucken" war ich heute Nachmittag etwas spät dran. Und jetzt um kurz nach 16 Uhr ist es schon dunkel. Mit der Taschenlampe leuchte ich zum Häuschen, ob sich da etwas tut. Das Gras ist wieder weiß gefroren, sodass es knistert, wenn man darauf tritt. Und genau das tat es in diesem Moment. Ich konnte allerdings nicht sehen, wer oder was da im Gras herumlief. Es musste etwas Größeres sein, was da nachts im Garten nach Futter suchte. Ein Fuchs? Oder gar ein Wildschwein? Nein, dafür war das Geräusch nicht laut genug. Hoffentlich. Ich schloss ganz schnell das

Fenster und schüttelte mein Unbehagen ab ...

02.01.2020

Es ist eiskalt. Minus drei oder vier Grad. Seit einigen Jahren ist das ein kalter Winter. Früher hatten wir länger und öfter minus 10 und auch mal minus 20 Grad, aber das ist lange her. Dennoch kommen einem die wenigen Minusgrade sehr kalt vor. Die Wiese ist weiß gefrostet.
Der Sonnenaufgang heute Morgen zeigt einen dunkelorangenen Streifen rechts vom Fenster. Man merkt, dass die Tage schon wieder etwas länger werden. Allerdings bin ich heute auch später aufgestanden. Hahahaaa – so kann man sich selbst was vormachen!
Die Spatzenschar war bereits im Dunkeln da und hat sich die ersten Körner geholt. Meine drei Pfiffe haben sie vielleicht wach gemacht.
Eine Stunde später war es schon ganz hell und eine Elster flog ein. Sie guckte ganz vorsichtig von der Spitze des Apfelbaums herunter. Etwas irritiert war sie, weil es

jetzt zwei Futterstellen gab. Sie checkte ab, ob sie möglicherweise auch an die kleine silberne passen würde. Die Kohlmeisen stibitzen sich schon hin und wieder mal ein Korn aus der neuen Stelle, die auf einem langen Stab thronte. Es ist eine Art Teller mit einer Röhre darüber und einem kleinen Dach darüber. Alles rund. Für etwas größere Vögel außer Meisen, Spatzen, Finken oder Dompfaffen ist es fast unmöglich, sich daran festzukrallen und Körner zu ergattern.

Hauptsächlich wird jedoch noch das Holzhäuschen angeflogen, dass sie alle seit Jahren kennen. Ihre Beute, das Korn, nehmen sie mit auf den nahe gelegenen Johannisbeerbusch, auf den Rosenbogen oder noch weiter weg. Vögel sind eben auch gute Samenverteiler. Manchmal sehr zum Ärger von Nachbarn. Meine füttern Gottseidank selber. Deshalb akzeptieren wir die „Mitbringsel" unserer kleinen Freunde kommentarlos.

Eine Amselfrau war da, um sich unter dem Häuschen ihre Ration Futter abzuholen. Es ist schön, wieder Amseln hier zu haben. In den letzten Jahren gab es kaum welche. Ein Virus hat viele von ihnen dahingerafft. Man konnte nichts dagegen tun.

Die flinken Blaumeisen leerten als Erstes den Balkon. Dort werden sie von den anderen Vögeln kaum gestört. Im Innern des Hauses sind sie als die kleinsten auch die, die am meisten bedrängt und öfter als die anderen herausgeschubst werden.

Die Tauben waren aufgewacht und weil oben im Haus zu viel los war, tummelten sich auch die kleinen Vögel mit ihnen gemeinsam unten auf der Erde. Deshalb bemühte ich mich, das Futter weiträumig unter dem Häuschen zu verstreuen, damit wirklich jeder etwas abbekam.

Ein Eichelhäher kam und versuchte in das Häuschen hineinzukommen. Er nahm jedoch immer das Fenster, dessen Öffnung viel zu klein war, als das er hindurchpassen könnte. Er hatte keine Chance, durch die Türöffnungen an der Seite hinein zu kommen, weil dort die kleineren Vögel im Sekundentakt hinein- und hinausflogen. Also versuchte er, von oben über das Dach an den Balkon zu kommen. Aber er rutschte immer und immer wieder ab. Verrückt war das, weil doch unten genug Futter war, das er sich problemlos hätte holen können. Er wollte es wohl unbedingt wissen und versuchte es immer und immer wieder. Wie war das noch mit den Kirschen aus Nachbars Garten? Sie schmecken doch immer besser als die Eigenen ...

Ein Eichelhäher rutscht vom Dach des Futterhauses auf den Balkon, um an Körner zu kommen

Ein Rotkehlchen hatte sich am späten Vormittag zum Fressen eingefunden. Es ar allein und hatte somit den ganzen Innenraum des Häuschens für sich allein. Es schnabulierte genüsslich ein Körnchen nach dem anderen. Manchmal schaute es mit vollem Schnabel aus der Tür heraus und betrachtete die Amseln, die unten ebenfalls gemütlich fraßen.

03.01.2020

Es flattert und knirscht im Efeubaum. Ja, er sieht aus wie ein Baum. Allerdings ist der Efeu an einem alten Wäschepfahl hochgewachsen und die langen Zweige biegen sich oben in Ermangelung von Halt wieder herunter. Dadurch kann ich sie in Augenhöhe abschneiden und er hat sozusagen eine dicke Krone und einen dünnen „Stamm". Die Vögel lieben ihn. Er ist perfekt, um sich zu verstecken und darin zu toben. Besonders die gesamte Spatzenschar schlägt Kapriolen darin. Sie können zusätzlich beim „Fangen spielen" auf den Apfelbaum daneben ausweichen. So herrliche Schauspiele sind dann zu sehen.

Aber Efeu ist auch zum Brüten gut geeignet. Ein Zaunkönig hatte einige Male darin sein Nest gebaut. Erst seitdem die Spatzen zurückgekommen sind, war es ihm wohl zu laut und zu unruhig und er bzw. seine Frau hat sich einen anderen Platz ausgesucht.

Habe draußen gefrühstückt. Herr und Frau Amsel waren mutig genug, gleichzeitig mit mir zu frühstücken. Es war recht kühl draußen. Meine Hände wurden steif vor Kälte. Aber es ist so herrlich, den Tag so anzufangen.

04.01.2020

Heute früh kam das Rotkehlchen. Ich habe es im Halbdunkel kaum erkannt. Aber ich hatte noch keine Brille auf. Gerade dachte ich, Fasan Karl-Fridolin sei im Ringelblumenfeld und er würde mit dem Hals hin und her wackeln. Es sah fast so aus, als überlege er, ob er es trotz meiner Anwesenheit am Terrassentisch, der etwa drei Meter vom Vogelhäuschen entfernt steht, wagen kann, zum Futter zu kommen. Als sich jedoch der Kopf des vermeintlichen Fasans ganz alleine in der Luft bewegte, während der Körper fest sitzen blieb, da sah ich, dass sich lediglich ein trockener Ast mit Blättern daran im Wind hin und her bewegte. Rundherum war alles voll mit dürren, trockenen Stielen, sodass man die Konturen nicht so genau erkennen konnte. Perfekte Tarnung eben.

Die Spatzen trauten sich definitiv nicht ans Häuschen, während ich draußen frühstückte, also ging ich hinein und beobachtete sie vom Fenster aus. Sie saßen wie Trauben an dem herunterhängenden Ast des Apfelbaums. Die „Trauben" saßen so, dass alle mit ihren Schnäbeln zum Futterhaus ausgerichtet waren. Hin und wieder drehte sich mal einer zu einer anderen Seite um. Sie tarnten sich perfekt. Ihr graubraunes Gefieder verschmolz mit den ebenfalls graubraunen, krummen Ästen und Zweigen. Wenn sie nicht so viel gequatscht hätten, wären sie kaum aufgefallen. Plötzlich erschreckten sie sich wegen irgendetwas und sausten alle gleichzeitig in den Efeu. Dort mussten sie sich erst sortieren, weshalb der Efeu mächtig wackelte und ruckelte. Es fielen einige vertrocknete Blätter heraus. Dann war es schlagartig Mucksmäuschen still.

Natürlich nicht lange, denn das halten Spatzen nicht aus.

05.01.2020
Heute waren Herr und Frau Eichelhäher am Futterhaus. Es ist schon erstaunlich zu sehen, wie sich diese großen Vögel in das Häuschen hineinquetschen. Einer schafft es sogar, sich an den kleinen Balkon oder an die Türöffnung zu hängen.
Etwas später habe ich versehentlich Fasan Karl-Fridolin aufgeschreckt, als er am Futterhaus war. Ich ging zum Beobachten ans Wohnzimmerfenster. Er sah das und flüchtete panisch und flügelschlagend in die Luft, schaffte es wieder einmal nur bis zur Hälfte des Gartens und tippelte dann kopfnickend zum Zaun, auf den er hinauf hüpfte. Vor dort aus hatte er dann genügend Höhe, um sich endgültig in die Lüfte zu schwingen und sich auf der hohen Eiche am Bahndamm in Sicherheit zu bringen.

06.01.2020

Der Spatzentrupp hat sich auf der Seerosenwanne ausgebreitet. Alle haben ausgiebig getrunken und ein wenig geplanscht, obwohl das sicher schwierig ist. Die alte Zinkwanne hat einen schmalen Rand und das Wasser ist für Vögel zu tief, um darin stehen zu können. Sie sitzen aufgereiht nebeneinander und quatschen miteinander, während sie in der kleinen Vogeltränke am Boden maximal zu zweit baden können. Das scheint nicht so interessant zu sein.

Es ist lustig anzusehen, wie sie miteinander rangeln, sich bespritzen, beschimpfen, um dann die Federn zu säubern und sich dabei gegenseitig immer wieder Neues erzählen. Dass hin und wieder einer im Eifer des Gefechts abrutscht und ins Wasser fällt, finden alle außer demjenigen ziemlich witzig. Manchmal habe ich wirklich das Gefühl, dass sie laut lachen.

Ich habe einige Zweige kreuz und quer über die Zinkwanne gelegt, sodass die Vögel wieder herausklettern können bzw.

auch von dort trinken können. Besonders die Dompfaffen nehmen das gerne und ausgiebig an.
Die Kohlmeisen, aber auch die winzigen Blaumeisen, sitzen meistens auf dem Rosenbogen in Lauerstellung. Noch sind die Zweige der Kletterrose ohne Blätter, weshalb die Vögel alles gut sehen können. Allerdings werden sie in der blattlosen Zeit auch von anderen gut gesehen. Das Weiß der Köpfe blitzt aus dem Dunkel heraus. Erste Balzkämpfe habe ich schon beobachten können und damit verbunden die teilweise richtig bösen Revierkämpfe.
Plötzlich sind alle aufgescheucht worden und davongestoben. Zahlreiche große, schlanke Vögel mit weit ausgestreckten Flügeln ziehen in großer Höhe in Richtung Westen. Sind es Möwen, Krähen oder Tauben oder noch größere? Ich höre kein Geschnatter oder Gekrächze.
Die kleinen Vögel bei mir im Garten hat es aufgeschreckt. Oder waren sie einfach satt und trollten sich in einen anderen Garten? Ich weiß es nicht.

„Meine" dicken Tauben sitzen jedenfalls immer noch auf ihren Schlafplätzen ganz oben auf den riesigen, ebenfalls noch blattlosen Linden rechts vom Garten.

08.01.2020

Am Häuschen ist heute nicht viel los. Kein Wunder, es regnet so vor sich hin und es ist nasskalt. Diese Kälte, die, wie man so sagt, in die Knochen zieht. Und wer bleibt da nicht gern im Bett. Auch die Vögel suchen sich einen geschützten Platz und dösen noch ein wenig. Hunger scheinen sie nicht zu haben, denn im Häuschen war noch Futter von gestern.

Etwas später höre ich links im Garten großes Vogelgeschrei. Vermutlich ist es wegen Kater Kringel, der gemächlich den Weg zum Haus entlang geht. Seinem dicken Fell machen die paar Regentropfen nicht viel aus. Sobald er im Haus war, kamen viele Vögel gleichzeitig. Die Spatzenschar, die drei Kohlmeisen, die den Winter über immer gemeinsam unterwegs waren, und die Blaumeise.

Die Spatzen sammelten sich erst wieder an dem Zweig des Apfelbaums, der senkrecht herunterhing. Ich nenne diese Aufstellung „Weintraube". Und von hier aus bequatschen sie immer erst die weitere Vorgehensweise ihrer Nahrungsaufnahme am Futterhäuschen. Was auch immer sie beschlossen haben, es wird nicht eingehalten. Zumindest sieht es für mich so aus, denn sie fliegen plötzlich alle auf einmal los und haben natürlich nicht alle an derselben Stelle Platz, weshalb ein Riesengezeter entsteht.
Die Meisen peilen die Lage wie immer vom Rosenbogen aus. Sie scheinen sich abzusprechen, wer wann an welche Stelle des Häuschens fliegt. Mit dem Korn im Schnabel gehts dann zum Fressen auf den Johannisbeerbusch, immer einer oben und einer weiter unten auf der anderen Seite. Die anderen teilen sich sozusagen den Rosenbogen auf. Ob es wirklich immer dieselben sind, weiß ich nicht. Die englische Ornithologin Len Howard hätte sie sicherlich auseinanderhalten können. Ihr Leben mit speziell den Kohlmeisen

wird in dem Buch von Eva Meijer „Das Vogelhaus" wunderbar beschrieben. Es hat mich dazu inspiriert, auch mal ein ganzes Jahr lang die Beobachtungen am Vogelhäuschen aufzuschreiben.

11.01.2020

Heute ist „Stunde der Wintervögel". Alle Vögel, die man innerhalb einer Stunde sieht, zählt man und meldet sie beim NaBu (Naturschutzbund). Obwohl ich extra Futter ausgestreut habe, war ausgerechnet heute nicht viel los. Herr Amsel konnte deshalb in Ruhe seine Lieblingskörner heraussuchen und sie genüsslich seiner Angebeteten kredenzen.

12.01.2020

Heute habe ich einen Ausflug nach Höven gemacht. Das ist einige Kilometer Richtung Norden. Die Straße führt durch viele Wälder und Felder und kleinen dörflichen Ortschaften. Das Wetter war kalt und es lag hier und dort sogar etwas Schnee. Aber die Sonne schien hell. An einem Feld hielt ich an, um einen Bussard

im Anflug auf seine Beute zu beobachten. Sehr majestätische und wunderschöne Tiere, diese Greifvögel.
Etwas später kam sogar ein Storch angeflogen. Viele von ihnen überwintern inzwischen in unseren Gefilden.

13.01.2020

Heute Morgen hörte ich schon oben im Haus das blecherne Gekeckere von Fasan Karl-Fridolin. Ich weiß nicht, vor wem er warnte. Vielleicht vor Kater Kringel, der bestimmt schon vor dem Wohnzimmerfenster saß und darauf wartete, dass ich ihn hineinließ. Kringel versuchte immer wieder, den Fasan zu fangen, aber mit seinem gut sechs Kilogramm Winterkampfgewicht war er nicht sehr beweglich. Und manchmal glaubte ich, dass die beiden einfach miteinander spielen. Ist aber bestimmt zu menschlich gedacht. Gefahr war immer mit im Spiel. Der Fasan würde auch nicht davor zurückschrecken, dem Kater in die Augen zu hacken.

Karl-Fridolin hatte sich wegen des Regens unter dem Johannisbeerbusch versteckt und wartete darauf, dass ich ihm das Futter hinwarf.

15.01.2020

„Sozialstaat Vogelhaus" hieß es heute in einem Artikel der Zeitung „Welt", in dem es eigentlich um die „Stunde der Wintervögel" ging. Die Autorin schrieb darin, wie sich die Vögel in ihrem Garten verhalten. Bei ihr klauen die Eichelhäher auch die Körner weg, so wie es hier auch ist. Sie hat beschlossen, Intervallfasten zu machen. Außerdem hörte ich, dass die Vögel faul werden und es verlernen, sich selber Futter zu suchen. Da ist was dran, darum füttere ich nur noch einmal am Tag. Bei zwei Futterstellen ist das auch schon ganz schön viel Futter pro Tag. Und es kostet auch eine ganze Menge. Je mehr man füttert, desto mehr Futter wird benötigt. Allerdings ist es auch so, dass die Vögel nicht mehr so viel Futter finden, wie es früher einmal war. Immerhin gibt es 70 % weniger Insekten wie noch vor

einigen Jahren und dadurch werden auch
die Vögel weniger. Die meisten Vögel
füttern ihre Jungen mit Insekten. Sich
selbst ernähren einige inzwischen fast
vegetarisch – so ist zumindest meine
Meinung, denn die Meisen sind ja
eigentlich fast reine Insektenfresser,
lediglich im Winter stellen sie sich um.
Aber man sieht sie das ganze Jahr über
am Futterhäuschen. Nun ja, es ist eine
rein persönliche These. Aber die hatte ich
auch, als ich der Meinung war, dass einige
Vögel so früh im Jahr anfangen, zu
brüten, was von den meisten Ornithologen
verneint wird. Kürzlich habe ich jedoch
einen Ausschnitt eines Artikels gelesen, in
dem gesagt wurde, dass die Vögel bei
Ganzjahresfütterung bis zu vier Wochen
früher als sonst anfangen, ihre Eier zu
legen. Es war wohl ein Artikel aus einem
Buch von dem Ornithologen Prof. Dr.
Berthold, aus dem Dani Canary, eine der
Administratorinnen der Facebook-Gruppe
„Wildvögel im Garten“, eine kurze
Zusammenfassung erstellt hat. Da fühlte

ich mich bestätigt und beobachtete stolz weiter...

18.01.2020

Der Eichelhäher sitzt unter dem Rosenbogen. Er pickt die heruntergefallenen Sonnenblumenkörner auf, die die Meisen dort hingeschleppt haben. Mit Schwung wirft er sie wütend wieder weg, weil sie leer waren. Aber er gibt nicht auf. Allerdings wird er immer wütender und schlägt seinen Schnabel in die weiche Erde. Er musste sich anstrengen, um ihn wieder herauszuziehen. Fast wäre er nach hinten umgefallen. Da hatte er die Nase voll und flog ärgerlich krächzend davon.

22.01.2020

Der alte Apfelbaum und auch ein Teil vom Efeu wurden heute beschnitten. Der Efeu"baum" drohte umzufallen, was ganz schrecklich gewesen wäre. Die Vögel sind ziemlich irritiert. Aber Efeu wächst schnell nach. Die Efeuranken konnte ich noch auf den Kompost bringen, dann fing es an zu regnen. Also bleiben die Apfelbaumäste noch liegen. Gleich nach dem Regen wurde der Haufen von den Spatzen eingenommen. Sie turnen daran herum und quietschen vor Vergnügen. Ob ich es übers Herz bringe, ihnen den Spielplatz wegzunehmen. Ich beschließe, da die Äste dort nicht stören, sie vorerst liegen zu lassen

25.01.2020

Gegen Abend beobachtete ich eine Amseldame, die vermutlich einen Spatzen sehr wütend verjagt hat. Sie verfolgte ihn sogar bis unter den Johannisbeerbusch in den Efeu hinein. Was sie wohl so wütend gemacht hat? War es wirklich ein Spatz? So alleine? Es war schon zu dunkel, um es genauer sehen.

26.01.2020

Heute am Sonntagmorgen ist es nicht mehr frostig, aber schrecklich nasskalt. Am Futterhaus ist nicht viel los. Zwei Meisen holen sich Futter. Die Spatzen gucken kurz in den Efeu, sind dann aber gleich wieder weg.

Etwas später kam ein Spatz gleichzeitig mit den Blau- und Kohlmeisen. Er setzte sich auf den Apfelbaum und schaute herum. Ist er der Wächter? Oder hat er die anderen verpasst? Plötzlich sind alle fast dreißig Spatzen wieder da und zanken sich um die besten Einflugplätze am Futterhaus.

Februar 2020

01.02.2020

Die ganze Woche war es sehr regnerisch und nicht viel los zu den Zeiten, in denen ich das Häuschen beobachtet habe. Allerdings sind wohl alle da gewesen, denn beide Futterhäuschen sind leer. Heute waren zwei Eichelhäher da. Es sieht aus, als balzen sie schon?!?

05.02.2020

Der Fasan Karl-Fridolin war da und hat wieder gegen Kater Kringel gewonnen. Es muss wohl noch ein anderer Fasan da gewesen sein. Ich meine, ich hätte noch einen weiteren bunten Blitz im dichten Ringelblumenwald verschwinden sehen. Im Winter vereinen sich die Fasanenmännchen zu Junggesellengruppen von meistens zwei, aber schon mal mehr Vögeln. Die Fasanendamen bilden bis zur Balzzeit im Frühling große Gruppen von zwanzig, dreißig Vögeln.

07.02.2020

Eine Kohlmeise hat heute wie ein Handyklingeln gezwitschert. Die können das sehr gut, wie übrigens viele Vögel Töne nachmachen. Amseln lehren die Tonfolgen ihren Jungen, sodass die auch schon Handyklingeln singen können. Auch Kohlmeisen und Eichelhäher sind wahre Meister im Imitieren von Tönen. Ich hatte das allerdings zum ersten Mal gehört bzw. gesehen, dass es eine Kohlmeise war, die ein „Handy" trällerte. Wer weiß, wie oft ich es schon gehört habe und nicht als Vogelstimme erkannt habe.

Das inspirierte mich heute zu einer Spionagekurzgeschichte, in der ein Vogel eine wichtige Rolle spielt.

08.02.2020

Heute war weder Tag noch Nacht kaum Frost und so schien es an der Zeit zu sein, eine Familie zu gründen. Zwar etwas früh, aber das Wetter war mild und offenbar hatte damit tatsächlich die Balzzeit begonnen. Während des Werbens hat nun wirklich niemand Zeit, sich um Futter zu kümmern, so dachten wohl alle Vögel und fanden es sehr praktisch, dass es dieses Jahr zwei Futterhäuschen gab, die immer gut gefüllt waren. Auch wenn dort immer sehr viel los war und man mit den anderen Vögeln oftmals aneinandergeriet, ging es schneller „nur" Körner zu fressen als in diesem aufgedrehten Zustand auch noch Insekten fangen zu müssen. Die Mücken flogen schon. Allerdings ist es auch für sie noch etwas zu kalt, weshalb sie recht schwerfällig sind. Dennoch sind sie immer noch schnell genug, als dass sie für einen aufgeregten, balzenden Vogel eine leichte Beute sind.

09.02.2020

Ein Orkan tobt über Europa. Er hat den Namen „Sabine" und ich fragte mich, was wohl die Vögel bei Sturm machen? Einige Kohlmeisen sah ich in dem „Zuckerhut", der dichten Fichte am Ende des Gartens verschwinden. Dort haben sie besseren Schutz als in den blätterlosen Bäumen und Büschen. Und sie taten gut daran. Es hat ganz schon gerappelt und gegossen.

Die Ausläufer des Orkans blieben noch einige Tage lang. Es folgten weitere Stürme, nicht im Ausmaß des Orkans, aber mit genügend Kraft, um einiges umzuwehen.

Es stürmte noch eine ganze Weile und niemand hatte Lust, lange draußen zu bleiben. Die Vögel und auch die anderen Wildtiere suchten sich Schutz, wo auch immer sie ihn fanden. Unter der Erde, in Schuppen, in Nistkästen, immergrünen Büschen und Bäumen und sogar unter Dachziegeln.

21.02.2020

Der Apfelästehaufen vor dem Schuppen hat sich etabliert. Ich kann ihn auf keinen Fall entsorgen. Obwohl er etwas ungünstig in der Nähe der Tür ist, stört es mich kaum, dass ich um ihn herumlaufen muss. Auf und in ihm ist ständig etwas los. Vielleicht hat sogar schon jemand angefangen, ein Nest darin zu bauen? Oder ist es dort zu unruhig, weil ich so oft dort langgehe. Aber das kann ich leider nicht ändern. Die Vögel haben schon mehr

Garten bekommen, als ich selber habe, aber irgendwo muss auch ich meine Utensilien unterbringen und das ist nun mal im Schuppen.

Die Kohlmeisen jagen sich gegenseitig aus dem Häuschen. Die Zeit des Akzeptierens der anderen Junggesellen ist vorbei. Genau wie bei den Amseln und natürlich bei den anderen Vogelarten. Der Kampf um die besten Brutplätze und die tollsten Partner hat begonnen. Da gibt es keine Freundschaften mehr.
Fasan Karl-Fridolin habe ich in den letzten Tagen oft gehört, aber nicht gesehen. Auch er sucht schon die Nähe der Hennen und „mackelt" sich bereits mit seinem Winter-Freund.

Noch tagelang gab es weitere Stürme. Sie brachten wieder viel Regen mit. Obwohl man das graue, nasskalte Wetter langsam überhatte, ist es doch so, dass wir den Regen brauchen. Es ist immer noch nicht wieder genügend Grundwasser da. Für diese Feststellung, die ich übrigens schon vor einigen Jahren von mir gegeben hatte, werde ich immer noch angeschaut, als sei ich verrückt. Nun, ein Experte bin ich nicht, aber ich sehe doch an der Erde im Garten, dass nach einigen Zentimetern feuchter Erde, die darunter knochentrocken ist. Das war doch früher beim Graben anders. Oder täuscht mich meine Erinnerung? Das hat mich so geärgert und beschäftigt, dass ich sogar beim Wasseramt angerufen haben. Die haben ebenfalls so reagiert, dass ich wohl etwas übertreiben würde, es sei genug Grundwasser da.

Allerdings habe ich schon von anderen Regionen gehört, dass das Trinkwasser im Sommer in einigen Talsperren knapp würde. Solche Nachrichten kannte ich bislang nur von den Urlaubsinseln im Süden, wo es sehr viel heißer ist als hier. Also auf die Länge des Sommers gesehen. Auch bei uns kennt man inzwischen Temperaturen von fast 40°. Meine Mutter, 92 Jahre alt, erzählt oft, dass sie als Kinder bei 26° hitzefrei bekommen haben.

Also hat sich in den letzten Jahren doch einige verändert.

Aus naturbegeisterten Kreisen hört man immer öfter das Wort Klimawandel. Ich glaube ja auch, dass er bereits da ist. Schließlich habe ich einige Beweise dafür, auch wenn die nicht wissenschaftlich genug sind. Für mich reichen sie aus und ich sehe es doch jeden Tag im Garten.

Bereits 2017 habe ich einen Artikel über Wasserknappheit in Deutschland verfasst, für den mich viele schief angeguckt bzw. ausgelacht haben, weil sie es für unmöglich hielten.

Der Artikel ist zu finden auf meiner Internetseite: https://www.smenzel.de/wasserknappheit.html

24.02.2020

Wunderbarer Sonnenaufgang. In orange. Meistens gibt es dann schlechteres Wetter. Wenn er rosa ist, dann wird es gut. Ob es stimmt? Wer weiß? Fasan Karl-Fridolin freut sich jedenfalls darüber, dass es hell wird, weil es Futter gibt. Genau wie die Taube, mit der er gemeinsam im Ringelblumenwald sitzt und abwartet. Es sieht bald so aus, als würden sie etwas miteinander beratschlagen.

Ob sich Ringeltaube und Fasan hier unterhalten?

25.02.2020

Die Sonne scheint, aber es ist kalt. Die Spatzenbande sitzt auf dem Apfelästehaufen und sonnt sich. Natürlich bleibt keiner lange sitzen. Dafür sind sie zu aktiv. Eigentlich weiß ich, dass der Haufen liegen bleiben muss. Aber ich habe immer Angst, weil er so niedrig ist, dass die Katzen besser an die Vögel herankommen können. Vögel sind ja oft so unvorsichtig. Sie meinen, ihnen gehört die Welt und dort könne sie niemand packen. So sieht es wenigstens manchmal aus, wenn ich beobachte, wie nah sie Katzen an sich heranlassen, bevor sie ärgerlich wegfliegen. Mir bleibt jedes Mal fast das Herz stehen. Aber an den Apfelästehaufen gehen die Katzen scheinbar nicht dran. Vielleicht wissen sie, dass sie mit ihren Pfoten drin stecken bleiben könnten, wenn sie einen Spatzen anspringen.

26.02.2020

Es schneit! Begleitet wird dieses inzwischen ungewöhnliche Ereignis von jener eigenartigen Stille. Als ob der Schnee alle anderen Geräusche verschluckt. Es fahren nur wenige Autos und die sind sehr langsam. So richtig Schnee, einige Tage oder Wochen lang kennt man kaum noch. Die jungen Menschen auf keinen Fall. 2011 war ein Jahr, in dem es sehr, sehr viel Schnee gab. Danach nur noch wenig und seit zwei Jahren so gut wie gar keinen mehr. Mein Sand zum Streuen reicht schon drei Jahre lang …

Die Vögel kennen bei uns auch keinen Schnee, manche sehen ihn zum allerersten Mal. Darum sind sie irritiert. Jetzt, wo die Flocken feiner werden und sanfter fallen, kommen einige noch zu einem schnellen Frühstück ans Vogelfutterhaus, bevor sie sich einen geschützten Platz suchen.

28.02.2020

Heute wurde endlich der neue Nistkasten am Haus angebracht. Eine etwas unglücklicher Zeitpunkt, aber die Vögel können ihn vielleicht doch noch als Schlafplatz entdecken. Für die Brutzeit könnte es eventuell noch früh genug sein. Die Größe des Einfluglochs ist für Kohlmeisen und Spatzen geeignet. Manchmal nehmen aber auch Blaumeisen diese etwas größeren Nistkästen in Beschlag.

Mir scheint, als würden die Vögel tatsächlich schon anfangen zu brüten, obwohl das alle weit von sich weisen. Die Vorbereitungen zum Brüten werden jedenfalls schon gemacht.

Die zweite Ladung Futter im Häuschen war heute im Nullkommanix aufgefuttert. Es war ein reges Hin und Her. Die Vögel freuen sich auf den Frühling.

29.02.2020

Kringel und Karl-Fridolin trafen sich auf der Terrasse. Sie blökten sich an. Ist ja ihr tägliches Kampfritual. Kater Kringel war jedoch schon drei Stunden draußen und entsprechend kaputt und hungrig. Darum guckte er wohl nur, was der Fasan tut. Ich war spät dran. Kringel, Karl-Fridolin und auch die anderen Vögel warteten schon sehnsüchtig auf ihr Frühstück.

01.03.2020

Im Nistkasten am Apfelbaum scheint jemand einzuziehen. Seit heute gibt es dort Warngeschrei, wenn ich in der Nähe bin. Vermutlich ist es die aufgeplusterte Blaumeise, die aufgeregt hin und herfliegt. Bis jetzt hat darin jedes Jahr ein Paar ihre Jungen großgezogen. Natürlich vermeide ich es so oft wie möglich, den Weg entlang zu gehen. Bis Frau Blaumeise das Nest akzeptiert hat. Danach stören sie sich nicht mehr so sehr an meiner Anwesenheit.

Heute habe ich noch einmal einen Korb mit Sand auf den Tisch gestellt, der in der Nähe des Vogelfutterhäuschens steht. Eigentlich steht der da nur für die Vögel. Aber auch Kater Kringel nutzt ihn, wie seine Vorgängerinnen, als überdachte Terrasse bei Sonne und Regen. Der Tisch ist alt, tut aber seinen Dienst noch gut. Wenn Kater Kringel darunter schläft, schleicht sich oft der Amselmann heran. Sein Motto ist wohl: Die Trauben in Nachbars Garten schmecken immer besser. Amadeus, wie ich ihn nenne, stöbert in gefährlicher Nähe von Kringels Maul und Krallen in der Wiese nach Würmern. Vielleich schnarcht der Kater, sodass die Amsel weiß, dass ihr nichts passieren kann? Amseln sind sehr kluge Tiere. Die Meisen sind ja auch recht frech, aber so nah gehen sie nicht an die Katze heran. Gottseidank!

Ich frage mich, ob die Vögel, insbesondere die Spatzen, dieses Jahr den Sandkorb annehmen. Bislang haben sie ihn ignoriert, egal wo er stand. Wer weiß, vielleicht sind „meine" Spatzen keine Sandbader? In vielen Videos im Internet habe ich gesehen, wie Spatzen und andere Vögel so einen Korb mit Sand lieben und sich ihre Federn damit säubern. Tja, „meine" machen wohl eher Katzenwäsche.

02.03.2020

Heute habe ich ein eindeutiges „Kiwitt" gehört. Ob es wohl ein Kiebitz war? Meine 95-jährige Mutter sagte mir, dass es früher hier viele gegeben hätte. Ich habe jedoch noch nie einen gesehen. Es gibt hier bei mir in Ostwestfalen zwar noch relativ viele Felder, aber leider wenig Wiesen und Weideland. Da der Kiebitz direkt am Boden brütet und die Mahd der Wiesen viel früher als noch vor wenigen Jahren erledigt wird, hat er kaum Möglichkeiten, seine Jungen großzuziehen. Sie und andere Bodenbrüter wie die Feldlerche fallen oft der Mahd zum Opfer. Ich hoffe, dass der Kiebitz, den ich gehört habe, seinen Platz findet, an dem er sich vermehren kann. Ich drücke ihm die Daumen!

03.03.2020

Es ist fast noch dunkel, als ich morgens in den Garten gegangen bin. Aber die Amsel ist schon am Haus und sucht nach Körnern und Insekten. Sie muss gute Augen haben. Meistens sind sie die Ersten, die kommen, wenn ich Futter ausstreue. Das ist der Vorteil, wenn man früh auf ist.

04.03.2020

Die Ratten pfeifen nachts. Deshalb gibt es ab heute nur noch einmal am Tag Futter für die Vögel und auch weniger. Es gibt viele Löcher im Garten. Sehr große Löcher. Da kann man schon Angst vor einer Invasion der Ratten bekommen. Sie sind niedlich und außerordentlich klug, aber sie vermehren sich so rasant schnell. Alle dreißig Tage bis zu zwanzig Junge. Da die Jungen auch schon mit etwa dreißig Tagen geschlechtsreif sind, kann nur noch die Potenzrechnung helfen, die Anzahl der Tiere, die innerhalb weniger Wochen geboren werden, auszurechnen. Sie holen sich die Körner, die die Vögel unter dem Vogelfutterhaus liegen oder fallen lassen und werden sozusagen mitgefüttert. Da muss man ihnen schon Einhalt gebieten. Auch wenn es mir fast das Herz bricht und ich denke, dass die armen Vögel verhungern müssen. Ich werde mir einen Weg überlegen, dass die Vögel noch genug bekommen, aber die Ratten weiterziehen, weil sie nicht mehr genug Nahrung finden. Da es sich um die braunen Wanderratten handelt, ist die Chance tatsächlich gegeben, dass sie weiterziehen. Bei den Grauen wäre es schwieriger, sie loszuwerden.

Das Wort Ratten ruft immer so eine Art Panik hervor, deshalb nenne ich sie langschwänzige Großmäuse.

Nun ja, wer Vögel oder andere Tiere draußen füttert, wird früher oder später mit diesem unliebsamen Thema konfrontiert und wird ebenfalls reagieren müssen.

05.03.2020

Heute habe ich Folie <u>von außen</u> an die Fenster geklebt. Die erste Blaumeise ist dagegen geflogen. Gottseidank hat sie sich nichts getan. Es ist Balzzeit und nicht das erste Mal, dass sich die Vögel quasi selber angreifen, weil sie sich selber im Fenster sehen. Bei der Produktion von Fensterglas wird eine Beschichtung auf das äußere Glas gezogen, um Licht hinein und Wärme nicht hinauszulassen. Dummerweise wird darauf alles gespiegelt, was draußen ist. Es wirkt wie ein Spiegel, den die Vögel aber nicht als solchen erkennen und dagegen fliegen. Besonders in der Balzzeit werden zudem noch vermeintliche Rivalen angegriffen, um sie zu vertreiben. Darum nennt man das Verhalten der Vögel Spiegelfechten. Viele Vögel sterben dadurch Sie brechen sich das Genick, weil sie mit höchster Geschwindigkeit auf den vermeintlichen Feind aufprallen.

Für uns Menschen ist es natürlich schöner, davon zu berichten, dass spätestens jetzt die Vogelgesänge wieder beginnen. Sonnenaufgang ist im März etwa zwischen 7 Uhr und bis Ende März gegen 6 Uhr morgens. Die „Vogeluhr" passt sich den Lichtverhältnissen an. Das Rotkehlchen fängt etwa 70 Minuten vor Sonnenaufgang an zu singen, die Amsel etwa 45 Minuten, die Blaumeisen 35 Minuten vorher, während die Spatzen erst am frühen Morgen munter werden. Das Konzert ist wirklich gigantisch und am frühen Morgen, bevor die Autos fahren am allerschönsten und detailreichsten zu hören.

Abends singt die Singdrossel am längsten. Man kann ihre wundervolle Melodie weit hören. Sie sitzt auf Dächern und trällert, was das Zeug hält.

Die sogenannte „Vogeluhr" kann man googeln. Bei vielen Anbietern kann man nicht nur die Zeit sehen, wann welcher Vogel singt, sondern per Klick auch die entsprechenden Vogelstimmen dazu anhören.

07.03.2020

Die Meisen sind sehr oft am Boden unter dem Vogelfutterhaus und picken dort. Finde ich irgendwie ungewöhnlich. Gibt es dort Insekten? Eigentlich sind sie ja Räuber. An Futterhäuschen holen sie sich jedoch immer Körner. Aufgrund der Erkenntnis, dass ihre Hauptnahrung Insekten sind, habe ich getrocknete Mehlwürmer gekauft. Ganz schön teuer sind die. Aber was macht man nicht alles für seine gefiederten Freunde.

Die Balzzeit ist in vollem Gang. Drei, manchmal vier Kohlmeisen umfliegen sich gekonnt und vertreiben sich gegenseitig vom Futterplatz. Währenddessen müht sich ein Spatz mit einer grauen Feder ab, die größer als er selber ist. Er möchte

vermutlich seine Angebetete damit beeindrucken und will sie als besonderes Nistmaterial benutzen. Allerdings bekommt er sie nicht richtig zu fassen. Erst nach einer ganzen Weile hebt er mit ihr im Schnabel ziemlich wackelig ab. Auf sehr kurvigem Kurs fliegt er auf die Ecke des Hausdachs, an dem er sein Nest baut.
Gerade jetzt fliegt ein riesiger Vogel mit langen Beinen über uns hinweg. Vielleicht ein Graureiher oder ein Kormoran? Ein Storch ist es nicht, denn er ist grau und hat kürzere Beine, wie mir scheint.

08.03.2020

Heute habe ich wunderbare Fotos gemacht. Bis auf einen Meter bin ich an die Kohlmeisen im Häuschen herangekommen. In der Balzzeit sind die Tiere oft so unvorsichtig …

09.03.2020

Zwei Elstern waren gleichzeitig da. Sonst ist es nur eine. Es sind so schöne Tiere. Und sie sind schwer zu fotografieren, weil sie selten still sitzen. Gut gucken können sie scheinbar auch. Sie nehmen die geringste Bewegung wahr und fliegen sofort davon.

10.03.2020

Fasan Karl-Fridolin war wieder da. Er hat sich ein gutes Frühstück einverleibt. Eine Amsel wetzte durch den Garten von Futterhaus zu Futterhaus. Was sie wohl gesucht hat?

Ich fürchte, die Kohlmeise, die ich eben gesehen habe, hat Legenot. Das heißt, sie kann ihr Ei nicht legen und das ist lebensgefährlich. Sie humpelt und ist dick. Aber sie kann fliegen, darum konnte ich ihr nicht helfen. Bis ich draußen war, war sie weg. Ich hoffe natürlich, dass sie einfach kurz vor dem Eier legen war und jetzt in ihr Nest geflogen ist.

11.03.2020

Die Dompfaffen waren heute wieder da! Es ist immer ein Spaß, ihnen zuzuschauen. Heute konnte ich Herrn und Frau Dompfaff beim Kampf gegen die Spatzen um den besten Platz am Futterhaus beobachten.

Nachmittags kam eine Kohlmeise ins Häuschen, obwohl ich fast daneben am Tisch saß. Wie schön es ist, sie so nah anschauen zu können. Sie wippte ständig und behielt mich selbstverständlich im Auge, aber so richtig Angst hatte sie nicht. Oder war der Hunger so groß? Egal. Ich habe es genossen.

12.03.2020

Die Wolken rasen über den Himmel gen Osten. Der Sturm treibt sie vor sich her wie eine Herde Schafe. Hin und wieder macht der Wind Bocksprünge und küselt sich fröhlich durch die Straßen.
Die Vögel verstecken sich fast alle irgendwo. Ich sehe nur mal eine Krähe hoch am Himmel. Die Spatzen scheinen im Efeu zu sitzen. Dort sind sie gut geschützt.

13.03.2020

Heinz-Adalbert, der Kumpel von Fasan Karl-Fridolin, ist heute da gewesen. Er hat einen kürzeren Schwanz, ist etwas dunkler und relativ zutraulich. Er fliegt nicht gleich weg, wenn ich ans Fenster gehe. Da ist Karl-Fridolin vorsichtiger.

14.03.2020

Welch seltener Anblick in diesem Winter: gefrorene Pflanzen. Auch das Wasser für die Vögel ist gefroren. Wie trinken Vögel dann eigentlich?

Ich stelle neues Wasser hin. Sobald es gefroren ist, kommt eine neue Schale mit frischem Wasser hin. So überstehen „meine" Vögel" diesen Tag.

Die Sonne scheint momentan gegen 8 / 8.30 Uhr auf den Apfelbaum. Das gibt schöne Fotos.

15.03.2020

Frau Brummsumse, die Hummel hat ihr Erdloch dieses Jahr ziemlich nah am Vogelhaus. Vermutlich hat sie sich in einem Rattenloch einquartiert, denn der Eingang ist sehr groß.

Es ist so still auf der Straße, dass man die Vögel weithin zwitschern hören kann.

Klar, es ist Sonntag. Aber es ist auch „Corona", weshalb wir alle möglichst zu Hause bleiben sollen. Deshalb fahren noch weniger Autos.

Die Vögel singen und freuen sich darüber, dass nicht mehr so viele Stinkeautos und Fabriken Abgase in die Luft schleudern. Der Natur gefällt das gut. Vielleicht kann sie sich ein wenig erholen.

16.03.2020

Der Corona Virus überschattet alles.

Die ganze Welt steht kurz vor einem Lockdown. Alles wird dichtgemacht. Lediglich Apotheken und Lebensmittelgeschäfte dürfen geöffnet bleiben. Allerdings unter erheblich erschwerten Bedingungen: Es dürfen nur wenige Menschen gleichzeitig in das Geschäft. Alle mit Mundschutz und Desinfektion der Hände und Einkaufswagen, die jeder mit in das Geschäft nehmen muss, quasi als Abstandshalter zum nächsten Menschen. So etwas gab es noch nie. Alle sind äußerst besorgt und haben Angst. Auch ich fange an, mich zu bevorraten. Um das letzte Toilettenpapier, Mehl, Getränke und Hefe wird sich fast geprügelt. Niemand weiß, wann die Flugzeuge oder Schiffe wieder Nachschub bringen. Erst jetzt wird einem klar, wie vernetzt die Welt ist. Weizen und damit Mehl kommt hauptsächlich aus der Ukraine und Russland. Das heißt, es kam weitestgehend von dort. Jetzt steht alles still.

17.03.2020

Derzeit sind alle damit beschäftigt, vor dem bevorstehenden Lockdown noch alles zu besorgen, was man für den täglichen Gebrauch benötigt. Auch Spiele, Computersachen, Gartenutensilien und Bücher werden wie wild eingekauft. Wobei möglicherweise Gartencenter aufbleiben dürfen. Überall gibt es Schlangen vor den Geschäften. Es wurden Bodyguards notwendig, die die Anzahl der Leute zählen müssen, die in das Geschäft hineingehen dürfen. Ständig müssen sie auch versuchen, die aufgebrachten Gemüter zu beruhigen.

Ich habe noch einige Beutel Vogelfutter

ergattert. Vorsichtshalber werde ich es vorerst rationalisieren. Wer weiß, wann es wieder welches geben wird.

Die Vögel müssen sich daran gewöhnen, dass es nur noch einmal Tag Futter gibt. Mittags ist normalerweise schon alles ratzekahl leer. Allerdings finden sie draußen schon eine ganze Menge frischer Körner. Es wächst schon vieles und es wird wärmer, sodass tagsüber auch die Insekten schon herauskommen und tanzen oder krabbeln.

19.03.2020

Es ist so still ohne die Autos auf den Straßen. Man hört weithin die Hähne krähen und die Glocken läuten. Das war sonst höchstens mal am Sonntagmorgen so.

20.03.2020

Es ist wieder kühler geworden. Noch einige Tage wird es Nachtfröste geben. Trotzdem habe ich Radieschen gesät, die selbstverständlich gleich die Ringeltauben wieder ausgegraben haben. Also habe ich das Vlies herausgekramt und über die neue Saat gelegt. Pech gehabt, gurrende Freunde!!!

21.03.2020

Kater Kringel und Fasan Heinz-Adalbert sind am Futterplatz. Kringel sitzt mal wieder für den Fasan an. Er merkt aber nicht, dass der inzwischen längst um den Efeubusch herum zum andern Vogelhäuschen gegangen ist und sich scheinbar mit der Ringeltaube unterhält. Wahrscheinlich fragen sich die beiden, was der Kater da wohl macht. Dem ist nämlich der Kopf vornübergefallen und er schnarcht ein wenig ;-)))
Ab morgen ist offiziell „Lockdown" in Deutschland und vielen Ländern der ganzen Welt. Niemand weiß, wie lange das dauern wird. Man hofft etwa zwei Wochen.

25.03.2020

Heute Morgen war noch Frost.
Es ist sehr ruhig, auch am Vogelhaus. Vermutlich müssen sich auch die Vögel und die anderen Tiere erst einmal daran

gewöhnen, dass kaum noch Autos fahren und es so unheimlich still ist.

Heinz-Adalbert war da und fraß gemütlich seine Körner auf, die er heute mit kaum jemandem teilen muss. Er ist neugieriger und sorgloser als Karl-Fridolin. Wo der wohl ist? Vielleicht bei den Hennen, die sich schon bald zu einem Fasanenhahn gesellen werden? Hier am Futterhaus habe ich noch nie eine Henne gesehen.

Heinz-Adalbert „sprach" eine Weile mit dem Amselmann. Jedenfalls sieht es immer so aus, wenn sich die beiden beim fressen anschauen.

Auch die beiden Elstern waren wieder da.

28.03.2020

Seit dem Lockdown darf leider auch kein Helfer mehr kommen. Darum habe ich mehr Arbeit als vorher und weniger Zeit, die Vögel zu beobachten. Die Spatzenschar war unüberhörbar dort.

Das Häuschen ist mittags leer, auch wenn ich kaum Vögel sehe.

29.03.2020

Es schneit! Nicht sehr viel, aber es bleibt liegen und überdeckt alles mit weißem Flaum und dieser seltsam dumpfen Stille, die Schneefall mit sich bringt.

Die Kohlmeisen holen sich noch schnell einen Happen zu essen. Zu dritt picken sie eilig die Sonnenblumenkerne heraus, bevor sie sich einen warmen Platz suchen. Manchmal nehmen sie die Nistkästen dafür. Aber die sind vielleicht schon von brütenden Vögeln besetzt. Da müssen sie sich draußen unter Büschen und Blättern etwas suchen.

03.04.2020

Der Eichelhäher starrt zum Nistkasten am Apfelbaum. Eine Blaumeise warnt vor ihm. Ich vermute, dass der Nistkasten besetzt ist. Das wäre ja schön.

Blaumeise im Nistkasten

Eichelhäher

Letztes Jahr ist die Brut leider nicht ausgeschlüpft. Die Eier lagen im Kasten. Ob die Eltern verstorben sind, weiß ich natürlich nicht. Die Hornissen sind dann eingezogen und haben ihre Brut großgezogen. Es war ein kleines Nest, aber wohl genügend Waben für neue Königinnen.

04.04.2020

Die Spatzenbande streitet sich lautstark auf dem Garagendach. Sie bepicken sich heftig. Um was es wohl geht? Plötzlich stieben alle auf und fliegen laut zeternd in den Nachbargarten.

Spatzenbande auf dem Garagendach

11.04.2022

Aus irgendeinem Grund bin ich aus der Küchentür herausgerannt und gleich auf der Terrasse stocksteif stehen geblieben, denn Fasan Heinz-Adalbert kam auf mich zu. Er schaute mich an und fraß dann seelenruhig die übrig gebliebenen Körner auf. Über ihm piepte auf dem alten Apfelbaum eine Kohlmeise leicht erbost, weil der Fasan größer war und sich nicht von ihr vertreiben ließ.

Die letzte Abendsonne bestrahlte die Blüten des Apfelbaums. Endlich hat er wieder welche! Das ist eine große Freude für mich und für die Insekten, die ihn sehr gerne besuchen und die Blüten bestäuben.

16.04.2020

Es ist sehr herzig, die Blaumeisenpaare zu beobachten. Sie flirten und scherzen miteinander. Er pickt einen Sonnenblumenkern auf und sie stibitzt den aus seinem Schnabel.

17.04.2020

Im letzten Jahr hatten wir mehr Blaumeisen. Darüber habe ich mich schon ein wenig gewundert. Jetzt weiß ich leider den traurigen Grund: Eine rätselhafte Krankheit rafft viele Blau- und Kohlmeisen dahin. Sie können nicht mehr schlucken und sterben elendiglich. Niemand weiß bislang, um welche Krankheit es sich handelt.

Ich hoffe so sehr, dass „meine" Meisen davon verschont bleiben. Jeden Tag wechsele ich mehrfach die Wasserstellen und reinige die Futterstellen. Vielleicht kann ich so eine Ansteckung verhindern. Es tut mir sooo leid um diese kleinen, niedlichen Gesellen, die mir und anderen so viel Freude bereiten.

22.04.2020

Seit heute ist es bewiesen, ein Marder ist da! Die Wildtierkamera beweist es.

Die Wildtierkamera hat ihn eingefangen:
Ein Marder ist im Garten

23.04.2020

An manchen Tagen stimmt einfach alles: Das Licht, die Kamera, ich und die Vögel, die sich zur rechten Zeit ins rechte Licht setzen. Das hat mal wieder einige schöne Fotos gegeben.

Abends habe ich ein halbes leeres Vogelei gefunden. Ob es wohl von einer Taube ist? Die Größe käme hin.

25.04.2020

Zwei Kohlmeisen schnäbeln im Wilden Johannisbeerbusch vor dem Küchenfenster. Sie lassen sich von mir nicht stören. Es sieht zu putzig aus, wie die kleinen Köpfchen nebeneinander hoch und runtergehen, als sie gemeinsam im Gleichtakt ihre Körner aufhacken. Wer so etwas sieht, der weiß, dass es doch ein inneres Lächeln gibt, das alle Gesichtszüge entspannt und Freude verbreitet.

27.04.2020

Ich glaube, die Blaumeisenküken sind geschlüpft. Am Nistkasten ist ein reges Rein und Raus wahrzunehmen.

28.04.2020

Ungewöhnlicherweise höre ich die Fasane nachts gegen 23 Uhr hinten im Feld rufen. Da scheint es Streit zu geben. Oder hat sich ein Jäger angeschlichen und wollte ihre Nester ausrauben?

Mai 2020

01.05.2020

Die Igel aus meinem Garten gehen ebenfalls an die Schale mit Wasser. Leider hat sie keinen geraden Boden, sondern ist nach unten konisch gearbeitet. Der etwas ungelenke Igel stützt sich auf den Rand, um an das Wasser zu kommen, die Schale fällt um. Der Igel ist nass. Es sieht lustig aus, wie er sich erstaunt schüttelt. Ich suche eine andere Schale heraus, damit es auch für ihn einfacher wird, an Wasser zu kommen.

02.05.2020

Die Elster hat Mühe, sich auf dem wirklich dünnen Ast des Apfelbaums zu halten. Sie schwankt hin und her, während wenige Zentimeter unter ihr die kleine Blaumeise mit aufgestelltem Kamm stimmgewaltig vor ihr warnt. Sie hackt nach der Elster. Ihr Partner kommt ihr von der anderen Seite zu Hilfe, auch nur wenige Zentimeter entfernt.

Solche Kamikazeflüge machen die kleinen Vögel nur, wenn ein Räuber zu nah an das Nest kommt. In den hängenden Nistkasten kommt selbst die akrobatische Elster nicht hinein. Darum hat sie es bald aufgegeben und ist weggeflogen. Wütend ob des Misserfolges verfolgt sie noch eine zufällig vorbeifliegende Krähe – oder hat sie sich in die verliebt? Sieht fast wie ein Balzritual aus.

03.05.2020

Bei den Blaumeisen fliegen die Eltern im Sekundentakt zum Füttern in den Nistkasten. Futter rein – Schiete raus.

Blaumeisenschicksal: Futter rein, Schiete raus

05.05.2020

Das ist ja ein Ding! Ich kann es kaum glauben: da fliegt doch glatt eine Krähe mit einer Zwiebel im Schnabel weg, die sie sich aus MEINEM Garten geklaut hat... Hoffentlich bekommt sie ihr, aber ein wenig Tränen in den Augen wünsche ich ihr schon. Sofort frage ich mich, ob Vögel eigentlich weinen können? Die Antwort ist ja. Allerdings nicht so wie wir es verstehen, sondern es werden Tränen gebildet, um die Augen zu erhalten, wenn ihnen etwas ins Auge fliegt und der Fremdkörper ausgestoßen werden muss.

08.05.2020

Die Blaumeisen werden immer dünner. Eine fliegt mich fast um. Sie haben wohl viele Junge zu füttern.

10.05.2020

Heute habe ich bei der „Stunde der Gartenvögel" mitgemacht und Vögel im Garten für den NaBu (Naturschutzbund) gezählt. Es war nicht viel los. Ich denke, dass viele Vögel noch dabei sind, zu brüten. In der Zeit sieht man quasi nur die Hälfte der Vögel. Einer sitzt im Nest und wärmt die Eier. Der andere sucht Futter.

12.05.2020

Bei der „Stunde der Gartenvögel" wurden über 30% weniger Blaumeisen gezählt als sonst im Schnitt. Das liegt wohl in erster Linie an der Erkrankung „Suttonella ornithocola". Das ist ein Bakterium, das eine Lungenentzündung und massive Schluckbeschwerden hervorruft. Unsere beiden Blaumeisen sind bisher scheinbar gesund. Sie werden zwar immer dünner, aber das ist während der Fütterungszeit der Jungen ganz normal. Es piepst und fiept im Nistkasten. Das hört sich nach sehr vielen Jungen an (Ich habe gelesen, dass es bis zu zwanzig sein können). Da müssen die Eltern ganz schön viele Insekten und Käfer fangen und ins Nest bringen. Das ist super anstrengend.
Hoffen wir, dass alle überleben!

15.05.2020

Fast pünktlich hat der Kuckuck gerufen. Man sagt, dann sei der Schinken fertig, den man zum Lufttrocknen im Herbst aufgehängt hat.

16.05.2020

Der erste junge Spatz ist aus dem Nest auf das Garagendach geflogen. Die Jungen werden noch etwa zwei Wochen lang von den Eltern versorgt.
Seit einigen Tagen streiten sich drei Spatzen wie die Kesselflicker. Da Hausspatzen bis zu fünf Mal im Jahr brüten, kann es sein, dass schon wieder gebalzt wird. Spatzenweibchen haben manchmal Affären mit anderen Spatzenmännern, auch wenn sie eigentlich ihr Leben lang monogam leben. Aber auch von Männchen hört man, dass sie Seitensprünge machen. Vielleicht ist das ein Grund, dass sie, falls in der Kolonie einmal Eltern ausfallen, auch die fremden Kinder mitgefüttert werden. Es könnten ja die Eigenen sein …

17.05.2020

Heute ist Sonntag. Da gibt es das Futter etwas später als sonst.

Auf meine Pfiffe hin flogen fünf Vögel gleichzeitig an das Futterhäuschen. Keiner traf das Einflugloch. Die drei Blaumeisen prallten ab, die beiden anderen Vögel flogen wieder etwas weiter weg, bevor sie einen neuen Anlauf nahmen. Sah lustig aus.

Die nächsten Spatzenjungen sind heute alle ausgeflogen. Einer macht sein erstes Bad in der Wasserschale am Futterhäuschen. Es ist zu allerliebst, wie er sich aalt und mit den Wassertropfen spielt. Sein Schnabel hat noch einige gelbe Stellen. Daran sieht man, dass er noch ganz jung ist.

18.05.2020

Eine Blaumeise und ein Spatz streiten sich heftig direkt vor der Wildtierkamera um den besten Platz und das beste Korn. Leider hat sie es nicht aufgenommen. Vielleicht hat die Krähe sie vertrieben. Die ist prima getroffen worden.

Die Blaumeise ist beleidigt auf den „Marterpfahl" geflogen. Der Stamm der alten Tanne steht seit Jahren neben dem Zaun zum Nachbarn. Das kleinblättrige grün-weiße Efeu hat ihn erobert. Die Vögel lieben ihn. Von dort oben können sie die Futterstelle prima überblicken.

Krähe

Blaumeise

Die Singdrossel singt so herrlich. Ich freue mich so sehr darüber, dass sie auch zu mir in den Garten kommt und sich sie endlich einmal gut fotografieren kann.

19.05.2020

Die Blaumeisen sind ausgeflogen. Leider habe ich es verpasst. Im letzten Jahr hatte ich das Glück, genau in den paar Minuten mit der Kamera dabei zu sein. Es war so

herzerwärmend, ihnen bei den ersten Flugversuchen zuzuschauen.
Viel Glück, ihr kleinen Zwerge!

20.05.2020

Die Jungen der Waldohreule rufen wieder nachts. Als ich die Rufe das erste Mal hörte, dachte ich, dass ein Mensch schreit. Dieses Jahr scheinen sie auf dem Baum am Bahndamm genistet zu haben. Von dort kommen die nächtlichen Schreie, die manch einen Menschen nachts nicht schlafen lässt. So laut sind sie, die Kleinen.
Im letzten Jahr hatte ich ein ganz besonderes Erlebnis mit ihnen. Es war schon sehr dunkel, aber heller Halbmond. Ich suchte nach Kater Kringel und ging rufend durch den Garten. Plötzlich sehe ich von links im Mondschein etwas auf mich zufliegen. Gerade wollte das Ding auf mir landen, weil es mich wohl für einen Baum hielt, wenn auch für einen wandernden, das verhedderte es sich fast in der Wäscheleine. Es folgte ein Schrei des Dings, ich erkannte große, gelbe

Augen, schrie meinerseits auf. Wir beide wurden aufgeschreckt von einem noch lauteren Schrei im dunklen Himmel. Die Mutter der Waldohreule kam herbeigeeilt, ihr Junges zu retten, gab ihm einen Schubs, sodass es wieder hoch in den Himmel flog. Beide sausten knapp über meinen Kopf hinweg. Das junge Tier schaffte es schnaufend auf die Spitze der Tanne rechts von mir. Die Mutter schwang sich schimpfend auf die großen Linden am Bahndamm. Dort saß sie noch eine Weile lang und lockte ihren Nachwuchs, der sich jedoch erst noch ausruhen musste. Ich war so erschreckt, dass ich erst gar nicht merkte, dass Kater Kringel neben mir stand und erstaunt von einem zum anderen schaute.

22.05.2020

Die nächsten Spatzen sind aus dem Nest auf der anderen Seite des Daches ausgeflogen. Die Kleinen sitzen kurz auf den Pflastersteinen, die auf dem Hof sind. Sie orientieren sich und sausen dann in das Gebüsch unter dem Gartenhibiskus.

Da ich auch dort bin, schreien die Eltern wie verrückt. Natürlich gehe ich gleich woanders hin. Aber etwas später schaue ich dort nach. Denn im letzten Jahr hat sich ein Junges bei dem Sturz aus dem Nest das Genick gebrochen. Das tat mir sehr leid, aber es war sofort tot. Wirklich eine gefährliche Sache, dieses Ausfliegen aus dem Nest. Da Hausspatzen in der Regel in Hausdächern nisten, haben sie oftmals Steinboden darunter. Doch die meisten Jungvögel flattern so wild, dass sie es doch in das etwas weichere Gebüsch schaffen und dort geschützt auf die Eltern warten.

23.05.2020

Unten im Efeu"baum" sitzt etwas. Ob es ein Spatzenjunges ist? Oder vielleicht die Heckenbraunelle? Ein graues Pärchen versucht es zu füttern. Leider kann ich nicht erkennen, welche Art es ist. Vielleicht sollte ich doch die Fenster putzen? Aber wegen der Anfluggefahr gerade jetzt in der Zeit, wo die Jungen ausfliegen, lasse ich die Fenster dreckig, damit sie sehen, dass sich dort ein Hindernis befindet.

Kater Kringel ist auch dort und hat das Etwas entdeckt. Ich hole ihn rein und gebe ihm Futter. Dann hält er ein langes Schläfchen auf dem Sofa und ist so keine Gefahr mehr für die jungen Vögel.

24.05.2020

Als hätten sie sich abgesprochen, sind die kleinen Kohlmeisen vorne und hinten am selben Tag aus den Nistkästen ausgeflogen. Seitdem kommt eine Kohlmeise in die Küche und stibitzt sich Körner von dem Extrateller, der erst mittags herausgestellt wird. Beim ersten Mal hat sie sich sehr erschreckt, als ich um die Ecke in die Küche kam. Aber nach dem zweiten Mal hat sie höchsten schrill gepiepst. Ich stand mit dem Rücken zu Tür am Küchentisch. Sie kam herein, sah den leeren Teller. Und als ich nicht sofort auf ihr Piiieeeeep reagiert habe, lief sie mit hocherhobenem Haupt auf mich zu und stupste mich an. Erst war ich steif vor Schreck und Erstaunen, dann aber eilte ich zum Futtersack und versorgte sie sofort. Die hat mich ganz schön erzogen! Das muss sie sich von Kater Kringel abgeguckt haben. Der macht das genauso. Nur dass der wirklich jämmerlich miaut, wenn sein Napf leer ist.

Die letzte Maiwoche

In dieser Woche habe ich den Garten fertiggemacht. Das Gemüse muss dringend gesät und gepflanzt werden. Viele Vögel freuen sich über das frisch gegrabene Land. Sie kommen so leichter an Regenwürmer und Engerlinge. Besonders die Amseln lieben es, mich beim Graben zu begleiten. Von den Engerlingen gibt es leider sehr, sehr viele dieses Jahr. Das ist gut für die Amseln, aber schlecht für die Gemüsepflanzen. Junges Grün schmeckt ihnen sehr gut. Leider lieben es auch die Vögel. Irgendwer zwickt den kleinen Babypflanzen die Blätter ab. Da werde ich doch wirklich sehr wütend. Wegen Corona gehe ich selten einkaufen, aber nun muss ich neue Pflanzen kaufen gehen. Die decke ich mit

Vlies ab. Aber die Vögel sind schlau. Sie schaffen es scheinbar, darunter zu krabbeln. Schnecken oder Engerlinge werden es nicht sein, oder? Sie würden aber doch die Stiele mit wegknabbern. Die stehen jedoch als traurige Überbleibsel da und schauen aus der dunklen Erde heraus wie Strohhalme.

Vögel habe ich durch die Gartenarbeit nur wenige gesehen. Aber sie sind da. Die Futterstellen sind leer.

Abflug von der silbernen Futtersäule

04.06.2020

Endlich hat es geregnet. Schon seit einigen Jahren ist der Regen bei uns in Ostwestfalen im Sommer rar. Besonders wir „Achtern Berge" (hinter dem Berg). Wir in Minden liegen im Norden vor dem Weser- und Wiehengebirge. Durch die Porta Westfalica kommt der Regen oftmals nicht durch, wenn er vom Süden kommt. Und auch vom Norden bekommen wir oftmals auch nichts ab, weil der Wind von den Gebirgen zurückgeschlagen wird. Auch wenn die „Berge" nicht hoch sind, haben sie mit ihren 80 Metern über Normalnull eine wichtige Funktion für das Wetter. Darum haben wir auch in früheren Zeiten, wie mir mein Vater (geb. 1926) erzählte, schon weniger Regen als die umliegenden Orte gehabt. Zudem sind die Regenabstände in den letzten zehn Jahren größer geworden. Das Land ist im Sommer immer trockener geworden, weshalb jedes Jahr weniger Gemüse wächst. Aber Unkraut wächst noch relativ

gut. Es sind hauptsächlich Pflanzen, die viel Trockenheit vertragen wie Disteln, Klee, Melde und Gräser.
Die Vögel sind ganz aufgeregt. Es ist kühler geworden.

07.06.2020

Die eine Ringeltaube fliegt nicht mehr fort, wenn ich das Wohnzimmerfenster öffne. Von wegen Tauben sind dumm. Sie weiß genau, dass ich nicht aus dem Fenster herausspringen werde. Doch sobald die Küchentür aufgeht, weiß sie, dass ich heraus, ihr somit zu nahekomme und sie fliegt weg. Es fällt ihr sichtlich schwer, aus dem verhältnismäßig engen „Tal" zwischen Apfelbaum, Tisch, Rosenbogen und Vogelfutterhäuschen hochzufliegen. Aber sie hat Kraft und schafft es.

09.06.2020

Heute habe ich mal den Rasen gemäht. Er wurde doch schon etwas sehr hoch. Die kleinen Vögel sind komplett im Gras verschwunden, wenn sie unter dem Futterhäuschen nach Körnern suchen.

Wie wild stürzen sich einige Vögel auf den frisch gestutzten Rasen. Was suchen sie dort? Es sind hauptsächlich Spatzen, Finken und Rotkehlchen. Die Meisen scheint es weniger zu interessieren. Auch die Amseln, die sonst immer die Ersten sind, kann ich nicht sehen.

Spatzen suchen nur tierisches Futter, wenn sie Junge füttern müssen. Dann wird wohl wieder Nachwuchs in der Spatzenkolonie am Hausdach sein.

11.06.2020

Ich habe „Urlaub". Das heißt, ich putze nicht und mache nichts im Garten, sondern nur das, wozu ich gerade Lust habe. Dazu gehört auch, am Nachmittag schlafen. Das tut echt gut. Die Knochen entspannen sich und ich werde wieder fit. Wenn man den ganzen Tag zu Hause ist, sind solche Auszeiten schwer einzuhalten. Irgendetwas hat man ja immer zu tun. Aber der Garten muss auch mal einfach nur genossen werden; drin sitzen und staunen.

12.06.2020

Es regnet. Das Land braucht das Wasser. Aber im Regen draußen frühstücken, das ist mir denn doch zu abenteuerlich. Zumal es auch kalt ist. Also für Sommer ist es recht kühl. Die Heizung ist immer noch an, vor allem abends friere ich drinnen.

Die armen Vögel müssen sich trotz des kalten Wetters etwas zum Fressen suchen. Da sind sie bestimmt froh, dass es das Futterhäuschen gibt.

Heute ist ein Teil der Honigbienen abgeholt worden. Sie waren für ein paar Wochen hier im Garten zu Gast, um ein neues Volk zu gründen. Aber das hat leider nicht geklappt. Entweder ist die neue Königin nicht vom Hochzeitsflug zurückgekommen, weil sie sich jemand geschnappt hat oder es war doch zu nah am Mutterstock. Nur knapp drei Kilometer ist der entfernt. Die Arbeiterinnen, die noch hier herumfliegen und auf ihre Königin warten, werden wieder dem alten Stock hinzugeführt. Hoffentlich klappt das. Ist nicht normal bei Bienen, dass sie andere aufnehmen. Eine Beute, wie man den Bienenstock nennt, bleibt noch hier. Vielleicht kommt doch noch eine Königin. Daumen drücken. Wäre doch toll, wenn wir ein Glas Honig von „unseren" Bienen bekämen. Das hatte mir der nette Imker versprochen, falls es klappt.

14.06.2020

Sonntagmorgens draußen frühstücken ist so herrlich! An beiden Futterhäuschen ist viel los. Am rechten aber wesentlich mehr. Dauernd ist dort Stau. Der Dompfaff musste wieder mal aufgeben, weil viel zu viele Spatzen an der unteren Schale des silbernen Häuschens hingen. Es sieht fast so aus, als würde er rückwärts fliegen. Das können jedoch nur die Kolibris. Aber versucht hat es der schöne Gimpel ganz sicher. Die Flügel und Krallen der Spatzen wollte er nicht in seinem Gesicht haben. Eine kleine, braune Maus huscht zum Pfahl der Futtersäule, rennt aber sofort wieder in das Gebüsch, das etwa einen halben Meter entfernt ist, sobald ein Vogel anfliegt. Sie muss viel rennen, denn die Säule wird oft frequentiert. Dann muss ich laut lachen. Die eine Maus war ein braunes Blatt, das vom Wind hin und her geweht wurde.

Da ich heute am Sonntag länger beobachten konnte, habe ich endlich eine Kohlmeise beim Aufhämmern eines Kerns erwischt!

Das Video dazu kann man auf meiner Internetseite anschauen. Per QR-Code oder diesen Link eingeben: 
www.smenzel.de/videos-vogelhaus.html

15.06.2020

Am Futterhäuschen ist ein patschnasser Eichelhäher aufgetaucht. Der Arme. Er sieht wirklich erbärmlich aus. Vermutlich hat er eine Schockmauser. Durch sehr großen Stress können Vögel in eine Spontanmauser zu einer ungewöhnlichen Zeit kommen. Vielleicht ist er, der Jäger, einem Jäger entkommen, der größer ist als er. Bussarde, Uhus, Marder und natürlich der Mensch sind seine Feinde.

Das Foto von dem armen Kerl wurde heute sogar Zuschauerfoto des Tages im Fernsehen in der Sendung Lokalzeit OWL im Westdeutschen Rundfunk. Sogar mein Name wurde erwähnt. Ein wirklich schönes Gefühl.

Eichelhäher am Futterhaus und rechts ist der patschnasse Vogel in Schockmauser

Das Video dazu kann man auf meiner Internetseite anschauen. Per QR-Code oder diesen Link eingeben:

www.smenzel.de/videos-vogelhaus.html

16.06.2020
Erstmals in diesem Jahr habe ich einen Buntspecht auf der Wiese gesehen. Es ist bei mir ein seltener Gast.

Im letzten Jahr war einer mit Nachwuchs da. Das Elternteil hat das Junge am Häuschen gefüttert.

Beide hingen an der Seite des großen Futterhäuschens. Leider aus sehr weiter Entfernung konnte ich dennoch ein Video mit dem Handy machen. Für mich war es ein Highlight, obwohl die Qualität sehr schlecht ist.

Das Video dazu kann man auf meiner Internetseite anschauen. Per QR-Code oder diesen Link eingeben: 
www.smenzel.de/videos-vogelhaus.html

17.06.2020

Da Kater Kringel im Haus schläft, sind die Vögel sehr zutraulich. Den Eichelhäher hätte ich fast anfassen können. Auch der Buntspecht war wieder da.

18.06.20

Kater Kringel ist seit fünf Uhr morgens unterwegs. Kein Vogel warnt, also ist er nicht in der Nähe und wir, Vögel und ich, können in Ruhe miteinander frühstücken. Der Buntspecht hat die Futtersäule auf der anderen Seite des Apfelbaums entdeckt. Er ist so ärgerlich, dass er sich zwar an der silbernen Schale festkrallen kann, aber kein Korn aus dem Plastikrohr in der Mitte herausbekommt. Für seinen Schwanz findet er keinen Halt und er fällt ständig zurück. So bekommt er auch kein Korn aus der Schale gepickt, die zwar voll ist, er aber seinen Kopf nicht so krumm machen kann, damit er mit seinem Schnabel drankommt. Der Buntspecht ist einfach zu groß für diese Säule, die nur für kleinere Vögel gemacht wurde. Die Größeren versuchen es trotzdem immer wieder. Dabei ist das andere Häuschen gut gefüllt.

19.06.2020

Zwei Ringeltauben vögeln auf dem Dach des Gartenhäuschens der Nachbarn. Das Geflattere der beiden ist wirklich sehr laut.

24.06.2020

Heute ist es sehr heiß. Der Grünfink kam mit seinen drei Jungen. Zwei der jungen Vögel stritten sich lauthals um ein und dasselbe Korn am Boden. Ein Spatz kam dazu und stritt freudig mit.

25.06.2020

Wieder ist es sehr heiß. Der Eichelhäher ist fast zahm und fliegt gar nicht weg, als ich rausgehe. Vielleicht ist er aber so lahm wie ich. Bei der Hitze leiden die Vögel auch.

26.06.2020

Es ist noch heißer als gestern. Auch die Taube ist sehr langsam. Sie fliegt nicht weg, wenn ich die Tür öffne.

27.06.2020

Frühstück draußen mit den Vögeln. Heute soll es endlich regnen. Wird auch Zeit. Die Regentonnen sind fast leer.

Ein Buchfink kam zum Häuschen und kletterte auf den Balkon. Die Meisen turnen am Rosenbogen. Ihnen scheint die

Hitze nichts auszumachen. Oder fliegen die Insekten, weil es bald regnet?

29.06.2020

Der Eichelhäher wird immer zahmer. Aber er ist schlau. Er weiß genau, wann Kater Kringel seinen Reviergang abhält. Nur dann kommt er zum Haus. Außerdem weiß er, dass Katzen recht faul sein können und bei der Hitze lieber schlafen als jagen, zumal die Näpfe im Haus voll sind.

Kohlmeise, Spatz und Buntspecht beim Füttern

Junger Spatz badet das erste Mal im Leben

Dompfaff Pärchen   *Grünfink an Wasserstelle*

Singdrossel im Apfelbaum

Junge Blaumeise, die gerade aus dem Nest ausgeflogen ist

05.07.2020

Die ganze letzte Woche hat es geregnet. Insgesamt ist es kälter geworden.
Die Blaumeisen scheinen wieder zu brüten. Sie schimpft, wenn ich am Apfelbaum bin.

07.07.2020

Morgens und abends ist es so kalt, dass ich die Heizung wieder angestellt habe. Die armen Vögel und die anderen Tiere. Sie frieren sicher auch. Es ist fast wie im Herbst. Für die Jungtiere und die Vogelbrut im Besonderen ist diese Kälte gefährlich.

12.07.2020

Die ganze Woche war es wieder kalt und es hat viel geregnet. Wir brauchen immer noch viel Regen. Ich denke nicht, dass sich das Grundwasser wieder auf den Normalstand gehoben hat. Im Frühjahr fehlte wieder einmal die Schneeschmelze. Wir hatten ja kaum Schnee hier im

Norden. Aber Sonne brauchen wir auch. Sonst reifen das Gemüse und das Obst nicht richtig.

13.07.2020

Am Futterhäuschen ist viel los. Wegen der Kälte fliegen auch die Insekten nicht. Die Vögel haben Hunger. Ich fülle das Futterhäuschen noch einmal extra auf und streue Mehlwürmer für die Insektenfresser aus.
Familie Dompfaff muss wohl ihr Nest in der Nähe haben. Ich höre ihr leises Piepen. Die ersten Äpfel sind heruntergefallen. Das ist sehr früh selbst für die Kläräpfel, die eigentlich erst im August reif sind. Ich habe das Gefühl, dass sie notreif sind. Es sind sowieso nur sehr wenige Äpfel zu sehen. Es waren ja auch nur wenige Blüten. Geht er ein? Das wäre so traurig. Er ist Dreh- und Angelpunkt im Garten.

16.07.2020

Drei Spatzen sind auf dem Garagendach. Zwei Männchen streiten sich lauthals und lange um ein Weibchen. Hin und wieder kopuliert einer (oder beide?) mit der Spatzenfrau. Kater Kringel beobachtet das Spektakel von unten. Er sieht aus, als frage er sich, wie er nach oben kommen kann, denn jetzt könnte er leichte Beute machen.

17.07.2020

Endlich ist es wieder warm. Der Regen hat aufgehört. Meine Tonnen sind wieder voll. Kringel macht heute einen auf „Tom und Jerry". Eine Maus entkommt ihm immer wieder. Und als er erschöpft beim Ansitzen eingeschlafen ist, da krabbelt die doch glatt über ihn rüber.

18.07.2020

Ich bin heute spät aufgestanden. Die Vögel bekommen erst so gegen halb zehn Uhr ihr Futter. Ein ganzer Trupp Blaumeisen stürmt heran und belegt das Futterhäuschen. Herr und Frau Dompfaff kommen ebenfalls. Sie sind recht behäbig, darum sind die Blaumeisen schon wieder ausgeflogen, als sie im Häuschen ankommen. Danach haben die Kohl- und

Blaumeisen, die später kommen, erst einmal das Nachsehen. Die Dompfaffen verstopfen die Eingänge.

Als Kater Kringel später aus dem Ankleidezimmer hinauf auf das Abdach des Anbaus ging, kamen zwei aufgeregte Elstern angeflogen. Sie schrien wie verrückt. Ob Kringel sie aufgescheucht hat? Oder greifen sie den Kater an? Ich kann es nicht genau sehen. Ich habe den Kater gerufen, aber er kam nicht gleich zurück ins Haus. Die Elstern nahmen flatternd auf dem Dachfirst über mir Platz und krächzten noch eine ganze Weile lang. Es hörte sich ziemlich wütend an.

19.07.2020

Beim Sonntagsfrühstück auf der Terrasse ist es heute besonders still. Kaum ein Vogel piept oder kommt zum Fressen. Ob sie noch einmal brüten? Oder hat die Mauser bereits angefangen?
Vorhin habe ich Apfelschalen aus der Küchentür zum Futterplatz geworfen und fast einen Vogel getroffen. Er war recht ärgerlich und ich ziemlich erschrocken.

23.07.2020

Die Vögel stehen Schlange an der silbernen Futtersäule:
Kohlmeise 1 frisst. Kohlmeise 2 wartet auf dem Garagendach. Spatz 1 sitzt daneben und wartet ebenfalls. Spatz 2 kommt von der anderen Seite angeflogen, wird jedoch schimpfend von allen vertrieben.
Die Blaumeisen tummeln sich lieber am Futterhäuschen auf der anderen Seite der Terrasse. Sie sind in diesem Fall die Klügeren.

24.07.2020

Familie Elster war gemeinsam am Futterplatz. Vier imposante Vögel, alle fast gleich groß. So schön!

26.07.2020

Alle paar Minuten fallen die Klaräpfel vom Baum auf die Wiese. Die Vögel haben sich daran gewöhnt und picken sie gerne an. Oft sind ja Würmer drin. Aber dummerweise gären die Äpfel. Das führt dazu, dass besonders die Amseln, die die Äpfel super gerne anpicken, etwas torkeln.

Herr Dompfaff kommt von rechts. Die Ringeltaube läuft um ihn herum. Frau Dompfaff sitzt am Boden. Eine Blaumeise kommt hinzu. Als auch noch einige Spatzen hinzukommen, gibt es heftigen Streit. Warum sie wohl nicht oben ins gefüllte Häuschen fliegen?

Ich höre das leise Piepen der Dompfaffe ganz rechts im Pflaumenbaum. Haben sie dort ihr Nest und die Jungen warten auf ihre Eltern?

Abends gegen 20.30 Uhr habe ich draußen Abendbrot gegessen. Es ist totenstill. Kein Vogel ist zu sehen oder piept, bis plötzlich lautes Geschnattere den späten Heimflug der Gänse anzeigt. Jeden Morgen fliegen sie zum Feld und abends kommen sie in V-Formation zurück zu ihrem Schlafplatz. Es ist ziemlich laut. Sie glitzern silbern in der Abendsonne.

27.07.2020

Abends höre ich Igel fauchen. Es ist ihre Balzzeit. Sie sind sehr laut. Etwas später sehe ich drei Igel, die sich im Kreis drehen. Es sind vermutlich zwei Männchen, die

um ein Weibchen kämpfen. Die Igelfrau
kann sich kaum erwehren.

Charlie Brummelmann, der Igel

Der eine Igel, der des Öfteren nachts an
den Wassernapf kommt, inspirierte mich
zu einer Geschichte.
Charlie Brummelmann heißt er und ist
der Freund von Sally, dem Rehkitz. Auch
die gibt es auf meiner Internetseite.

28.07.2020

Erstmals war ein Eichhörnchen da. Oder habe ich es früher nicht gesehen? Es ist so putzig.

Eichhörnchen

31.07.2020

Mittags sehe ich einige Schmetterlinge. Weiße Kohlweißlinge und einige freche Zitronenfalter. Freche Schmetterlinge? Ja, ich empfinde es so. Sie kommen sehr nah und sind nicht so scheu. Oder sind sie todesmutig? Ich freue mich über die schönen Tiere.

Abends ist es wieder sehr ruhig, bis die Gänse zu ihrem Schlafplatz fliegen. Heute sind auch die Krähen spät dran. Sie fliegen sonst immer viel früher vom Acker zu den Schlafbäumen. Was wohl passiert ist?

August 2020

01.08.2020

Heute früh ist es beim Frühstück am Futterhäuschen wieder ziemlich ruhig. Nur ein Spatz warnt lautstark. Kater Kringel kann jedoch nicht der Grund sein. Er liegt zu meinen Füssen und wartet auf sein Leckerli.

05.08.2020

Seit einigen Tagen höre ich des öfteren einen Vogel, der mit einem langen Drrrrdrrrdrrr warnt. Die Nachbarin meint, das sei ein Wagenheber oder eine Kettensäge. Das glaube ich irgendwie nicht. Warum an so vielen Tagen hintereinander? Vielleicht ist es doch ein Vogel, der Töne imitiert? Auch Krähen können das. Und sie wären groß genug, um solch eine Lautstärke zu fabrizieren. Obwohl ... Der kleinste Vogel, der Zaunkönig, hat das größte Organ in Deutschland. Sein Piepton schafft immerhin bis zu 90 Dezibel. Nur so zum Vergleich: Eine Kreissäge bringt 100

Dezibel zustande. Etwa 60 Dezibel sind für unsere Ohren eine normale Lautstärke. Wirklich erstaunlich diese Kleinen.

06.08.2020

Die Vögel sind sehr aufgeregt. Auf „ihr" Garagendach wird neue Dachpappe aufgeklebt. Sie kommen erst zum Fressen, als das erledigt ist. Auch wenn es jetzt in der Mittagshitze so furchtbar heiß ist.

07.08.2020

Morgens waren wieder die drei Elstern da. Sie haben sich gut sattgefuttert.

Erst mittags kamen viele Spatzen und Meisen. Sie baden eifrig in den Wasserstellen. Wegen der großen Hitze habe ich einige mehr aufgestellt, die ich auch mehrfach am Tag befülle.

Als ich aus dem Fenster schaue, sehe ich unten am Stab des Futterhäuschens einen Vogel am Boden liegen. Seine Flügel waren breit ausgebreitet. Erst dachte ich, er sei tot, aber dann bewegte er sich. Es war ihm wohl zu heiß und wie ich herausfand, machen Vögel das, wenn ihnen zu warm ist. Sie können ja nicht schwitzen. Auch auf dem Apfelbaum saß eine Blaumeise und hat ihre Flügel wie einen Fächer ausgebreitet.

Den Meisen ist es zu warm. Da breiten sie ihre Flügel zum Lüften aus.

08.08.2020

Es war so warm, dass man kaum schlafen konnte. Also bin ich schon sehr früh runter. Gegen sechs Uhr waren die Futterstellen befüllt. Aber das kennen meine Vögel nicht. Also kamen sie nicht. Erst als ich mein Frühstück fertig hatte und an dem Tisch saß, kamen die Meisen, dann die Spatzenbande und schließlich die Elstern, die jedoch gleich wieder weggeflogen sind, als sie mich gesehen haben. Oder sind sie vor dem wütenden

Ruf des Falken geflüchtet, der auf dem großen Baum am Bahndamm saß?

Kater Kringel saß derweil unterm Busch und schaute sein „Fernsehprogramm". Zum Jagen war er zu faul. Außerdem hatte er gerade sein Frühstück gefressen. Und dann ist ein alter Kater erst einmal bewegungsunfähig und muss ein langes Schläfchen halten. Dennoch kann er immer noch recht schnell werden. Die Vögel und Mäuse nehmen ihn heute wohl nicht ernst, sonst würden sie nicht so nah an ihn herangehen oder sogar über ihn hinwegklettern, wie es die eine oder andere Maus tut.

10.08.2020

Fast hätte ich heute Morgen vergessen, die Vögel zu füttern, darum war ich sehr spät dran. Habe auch erst gegen acht Uhr gefrühstückt. Es ist sehr ruhig, vielleicht waren die Vögel schon da? Die sind in der Regel pünktlich und warten keine ganze Stunde auf mich. Dann wird es nämlich schon viel zu warm. Soll heute 30 – 38 Grad werden …

13.08.2020

Abends gegen halb acht Uhr ist es wunderbar warm, aber kühl genug,
um gut Abendbrot zu essen. Die Vögel sind nicht da. Gibt ja auch kein Futter mehr am Abend wegen der Ratten. Aber die drei Igel sehe ich wieder, wie sie ihren Balzkampf laufen. Richtig kämpfen tun sie scheinbar nicht. Irgendwie laufen die drei nur immer im Kreis herum. Deshalb nennt man das sogar Igelkarussell.

Das Video dazu kann man auf meiner Internetseite anschauen. Per QR-Code oder diesen Link eingeben:

www.smenzel.de/videos-vogelhaus.html

Schließlich kommt doch noch die Spatzenbande. Die wird immer größer und damit auch lauter.
Ab morgen soll es kühler werden.

16.08.2020

Das Sonntagsfrühstück war wieder erst spät. Die Meisen kommen vorsichtshalber

schauen. Wenn ich morgens am Tisch sitze, gibt es in der Regel Futter. Das merken sie sich. Die Spatzen haben einen Späher ausgeschickt, um zu schauen, wann es etwas gibt. Schließlich fallen sie gegen halb zehn ein. Die Horde zwitschert so laut, dass es in den Ohren wehtut.
Auf dem Rasen glitzern noch die Tautropfen. Das sieht sphärisch aus. Ich gehe ins Haus. Die Sonne ist herum gekommen und heizt kräftig ein.

18.08.2020

Irgendjemand hat im Baum gelacht. Eine Elster? Oder ein Star? Beide können sehr gut Stimmen nachahmen. Sehen kann ich keinen Vogel. Aber es lacht definitiv jemand im Baum.

20.08.2020

Die Futterhäuschen sind immer leer. Aber ich sehe nur selten Vögel. Einige brüten vielleicht noch? Durch den Klimawandel kommen die Vögel mit ihren Brutzeiten durcheinander. Einige Zugvögel bleiben neuerdings sogar hier im Brutgebiet. Die

Winter sind milder geworden, darum halten sie es hier aus und es gibt über einen längeren Zeitraum Nahrung. Das führt dazu, dass die Standvögel auch viel früher brüten. Sie brauchen sich ja nicht von dem langen Flug erholen. Spät im Jahr brüten normalerweise Amseln, Heckenbraunellen und Dompfaffen. Aber vielleicht auch noch einmal die Meisen, die sonst schon unterwegs in den Süden sind?

23.08.2020

Es hat sich ganz schön abgekühlt und windig ist es auch. Darum sitze ich mit Jacke am Frühstückstisch auf der Terrasse. Die neue Blumenwiese hinter dem Rosenbogen ist jetzt sooo schön. Es blüht alles bunt durcheinander, eingerahmt von hohen Gräsern, die trotz der langen Trockenheit saftig grün sind. Der Tau lässt alles noch prächtiger erscheinen.

Eine Kohlmeise und eine Blaumeise kommen gemeinsam zum Frühstück mit mir. Die Kohlmeise sieht recht dick aus.

Wenn sie so weitermacht, passt sie bald nicht mehr durch das Fenster des Futterhäuschens, sondern muss durch die größere Tür hineingehen.

Es kommen noch ein paar Blaumeisen gemeinsam und fressen eifrig im Häuschen. Schnell rein, schnell raus. Schnell rein, drinnen bleiben, sich mit den anderen streiten.

26.08.2020

Es ist noch kälter und sehr stürmisch geworden. Die Vögel müssen aufpassen, dass ihnen die Körner nicht wieder aus den Schnäbeln fliegen.

Als es etwas windstiller geworden ist, kommen viele Vögel gleichzeitig. Drei Dompfaffen, zwei Männchen und ein Weibchen, und zwei Kohlmeisen fressen unten im Häuschen, während sich die Blaumeisen oben am Balkon verlustieren.

29.08.2020

Im Wohnhaus musste einiges repariert werden, darum kam ich nicht zum Rasenmähen. Das Gras ist inzwischen so hoch, dass die Blaumeisen komplett darin verschwinden, wenn sie unten am Boden die heruntergefallenen Körner suchen. Nehmen sie sich vielleicht auch Tautropfen? Die Kohlmeisen scheinen auch zu nippen. Sie sind ja etwas größer als die Blaumeisen, aber auch sie sieht man kaum noch aus dem Gras herausgucken. Lediglich das heftige Wackeln der Grashalme zeigt an, dass dort Tiere sind. Auf der linken Seite sehe ich gerade noch eine Maus im Gebüsch verschwinden. Die sieht man gar nicht mehr im Gras. Für sie muss das wie ein Urwald sein.

03.09.2020

Morgens und auch abends ist nicht viel los am Futterhaus. Es ist schon zu kalt und auch zu dunkel. Die Tage sind merklich kürzer. Um 6 Uhr morgens muss ich schon Licht anstellen.

Eine Taube und eine Elster halten einen Frühstückstratsch am Fuß des Häuschens. Oder fechten sie aus, wer das beste Korn bekommt?

04.09.2020

Schon beim dritten Pfiff sind die Kohlmeisen im Futterhäuschen. Sie stören sich nicht daran, dass ich noch da bin. Es ist kühl und es regnet, darum sind sie wohl froh, dass es fertiges Essen gibt.

05.09.2020

Die Blaumeise und die Kohlmeise sind mir fast auf die Hand geflogen, als ich das Frühstück etwas spät eingefüllt habe. Das war ein schönes Erlebnis: Auge in Auge mit so einem schönen Federbällchen wie die Blaumeise.

Die Spatzen haben sich sofort auf die Körner auf dem Rasen unter dem Häuschen gestürzt. Gestern hatte ich noch gemäht. Jetzt kommen die Vögel wieder besser an die Körner.

06.09.2020

Das Thermometer zeigt acht Grad an. Das ist fast so kalt wie im letzten Winter. Brrr …

Die Elster hat sich etwas aus dem Klee geholt. Der wächst lang und prächtig in einem der „Unkrautkübel". Auch die Kohlmeisen stürzen sich manchmal kopfüber hinein und kommen glücklich wieder heraus. Diese Kübel sind ein Mikrokosmos mit frischen Blättern, vielen Insekten und sonstigem Getier. Kleine, feine Paradiese für alle Insekten und natürlich auch die Insektenfresser.

Nach ihrem Ausflug in den Klee plustert sich die Kohlmeise auf und beobachtet mich. Sie denkt bestimmt, dass das ein seltsames Fernsehprogramm ist. Ich sitze da mit dicker, alter Jacke und einer dicken Decke um die Beine herumgeschlungen und frühstücke. Der Winter naht. Bald ist es selbst mir zu kalt, um draußen zu essen.

11.09.2020

Einen bunten Schmetterling habe ich beim „Birnenklauen" gesehen. Ob er sich auf dem Obst nur sonnt oder seinen Rüssel in die Birne hineinsticht, kann ich nicht genau erkennen.

Es ist ein Tagpfauenauge. Leider sind sie selten geworden. Es gibt sogar hier und da Forscher, die meinen, dass Schmetterlinge bald aussterben. Furchtbare Vorstellung! Aber wir nehmen auch ihnen den Lebensraum. Ich habe früher nie gewusst, dass die Raupen des Tagpfauenauges an Brennnesseln leben. Auch der Admiral, der C-Falter und das Landkärtchen lieben Brennnesseln und brauchen sie auch für die Fortpflanzung. Darum pflege ich meinen „Brennnesselwald" am Zaun zur Straße hin. Leider „mein" Landkärtchen wohl keinen Partner gefunden. Ich habe es seit zwei Jahren nicht mehr gesehen. Aber der C-Falter, diese orange und schwarz leuchtende Schönheit, sonnt sich immer noch regelmäßig auf dem großen Blatt des winzigen Feigenbaums, der vor den Brennnesseln steht.

Ein C-Falter sonnt sich auf einem Feigenblatt

12.09.2020

Familie Dompfaff war komplett da. Mutter, Vater und drei Kinder. Bei den Dompfaffen bleibt der Nachwuchs sehr lange bei den Eltern. Es heißt sogar, dass die Eltern ihre

130

Jungen erst wegscheuchen, wenn die nächste Brut im Nest ist. Die Tochter bettelt ihren Vater permanent an. Der gibt ihr auch geduldig etwas ab. Bei der Mutter hat sich nicht so viel Glück.

Nachmittags habe ich die tiefschwarze Holzbiene wieder gesehen. Ich vermute, dass sie in dem Stamm der alten Kiefer lebt. Obwohl der Stamm noch steht, ist er ein herrliches Totholz-Reservoir für viele Insekten und Käfer. Die Holzbiene ist eine der größten Bienen, die sich langsam durch den Klimawandel bedingt nach Norden ausbreitet. Bei mir ist sie seit einigen Jahren und liebt ganz besonders die Wicken, die dort wachsen und so schön lila blühen. Heute ruht sich der große, schwarze, laut brummende Flieger auf einer Ringelblume aus. Die hält sein Gewicht aus, neigt sich nur ein wenig zur Seite.

Das Video dazu kann man auf meiner Internetseite anschauen. Per QR-Code oder diesen Link eingeben: 

www.smenzel.de/videos-vogelhaus.html

13.09.2020

Ein Wiesel oder vielleicht auch ein Marder war heute zu Besuch. So genau kenne ich mich mit den Tieren nicht aus, als dass ich sie bestimmen könnte. Die sieht man selten am Tag, weil sie normalerweise nachtaktiv sind. Vielleicht wurde das Tier aus seinem Versteck verscheucht und sucht nun eine neue Bleibe?

Ein Admiralfalter und ein Tagpfauenauge treffen sich auf den verfaulten Äpfeln, die auf der hinteren Wiese unter dem kleinen Apfelbaum liegen. Wie schön, dass beide Schmetterlingsarten da sind.
Der Efeu ist noch nicht ganz aufgeblüht, somit müssen sie sich woanders Nektar oder Zucker suchen. Auch die Fetthenne ist noch nicht ganz offen.
Die Wespen sind in dieser Zeit echt blöde. Sie spüren, dass sie bald sterben müssen. In dieser letzten Phase ihres Lebens können sie nur Zucker und Pflanzensäfte fressen. Darum gehen auch sie gerne an die faulenden Früchte. Die gären und deshalb sind auch sie, wie die Vögel und

Schmetterlinge, ziemlich betrunken. Sie torkeln durch die Gegend.

Wespen auf einem Apfel

In ihr Nest fliegen sie nur noch, um die jungen Königinnen zu mästen. Sie brauchen viel Nahrung, denn sie sind die Einzigen, die den Winter an geschützter Stelle in Winterstarre überleben und im Frühjahr an einer anderen Stelle allein eine neue Kolonie aufbauen müssen. Jeder weiß, dass Wespen auch an Fleisch gehen. Das machen sie, damit sie ihre Larven mit dem in der Phase des

Wespenlebens dringend benötigten Eiweißes versorgen können.

Das Video dazu kann man auf meiner Internetseite anschauen. Per QR-Code oder diesen Link eingeben:
www.smenzel.de/videos-vogelhaus.html

19.09.2020

Heute Nacht war es fast schon Frost. Maximal 5 Grad zeigt das Handy an.
Morgens waren die beiden Elstern wieder da. Die Kohlmeise tauchte in den „Sonnenblumenhain" hinein. Die gelben Blumen haben sich unter dem Gestell auf der Terrasse selber ausgesät. Dort kommt einmal am Tag ein extra Teller Futter drauf. Die Vögel werfen die Kerne, die sie nicht mögen, heraus oder lassen sie versehentlich fallen.

25.09.2020

Seit letzter Woche ist es sehr kühl geworden. Und endlich hat es geregnet.

Aber nicht sehr viel. Darum ist es mittags schon wieder trocken.

Mit dicker Jacke setze ich mich zum Lesen raus. Mein bevorzugter Platz ist derzeit das kleine Stück Rasen zwischen den beiden neuangelegten Blumenwiesen für die Insekten. Die Blumen blühen in allen Farben. Mohn, Lein, wilde Möhre, Natternkopf, Ringelblumen, und vieles mehr.

Der Lieblingsplatz zwischen den Insektenwiesen

Der frisch gemähte Rasen riecht so herrlich. Ich freue mich über die Sonnenblumen, auch wenn sie sehr klein sind. Sie sind dünn und klein, aber sie blühen und bieten noch so spät im Jahr Nektar für die Insekten.

Während ich dieses schöne Bild in mich aufsauge, höre ich ein Knistern und ein Knackern rechts von mir. Vorsichtig drehe ich meinen Kopf in die Richtung. Drei Kohlmeisen sitzen auf dem Rosenbogen und knacken fast synchron ihre Körner auf. Es ist immer wieder erstaunlich, wie schnell sie das schaffen. Sie sind sehr fleißig. Holen sich immer wieder Nachschub. Es stört sie nicht, dass ich dort sitze. Mir macht das so viel Freude.

Und plötzlich fühle ich mich wie in einem Pilcherfilm. Prächtige rote Rosen am Rosenbogen, auf dem die quirligen gelb-schwarzen Vögel herumturnen, rund um mich herum bunte Blumen. Fehlt nur noch der Prinz, der auf einem weißen Pferd in den Garten geritten kommt …

Da fällt mir auf, dass ich schon länger keine Blaumeisen und Amseln gesehen habe. Ob beide Arten durch diesen Virus hinweggerafft wurden? Wenn jetzt der Prinz käme, müsste er nicht mich retten, sondern die Vögel!

26.09.2020

Eine Kohlmeise war sehr ärgerlich, weil ich draußen gefrühstückt habe und sie sich nicht wie ihre drei etwas ruhigeren Kumpel an das Futterhäuschen traute. Vielleicht lag es aber auch an dem ersten Spatzen im Efeu, der einen lauten Ruf ausstieß. Normalerweise folgt darauf die ganze wilde Spatzenschar. Ist die Kohlmeise vorsichtiger als die anderen?

Als die gesamte Spatzenschar den Apfelbaum, den Efeu"baum", das Garagendach und das Futterhaus laut tschilpend und flatternd und streitend übernommen hatte, stürzten sich die Meisen mutig zum Körnerklau dazwischen. Hin und wieder bekamen sie fast einen kräftigen Hieb oder Tritt ab. Aber nur fast, denn Meisen sind sehr wendig und superreaktionsschnell.

Im Wipfel der höchsten Linde am Bahndamm lachte eine Elster krächzend in den Morgen.

27.09.2020

Das „Drrdrrdrr" des Mäusebussards ertönt über den Dächern und versetzt die gesamte Vogelschar in helle Aufregung. Der breite, gestreifte Schwanz und der spitze Kopf des Greifvogels verheißen nichts Gutes. Wen würde es treffen? Als dann auch noch der Sperber über die Wiese flattert und seinen Ausguck auf die Linde am Bahndamm verlegt, da machen die kleinen Vögel erst einmal eine Fresspause und verstecken sich so schnell es geht unter den Blättern des Apfelbaums, den Dornenbüschen, im Efeu"baum" und unter den Dachziegeln. Sie warten still. Hoffentlich warten sie auch lange genug. Wann würde der Hunger größer als die Vorsicht sein? Der Bussard ist schnell verschwunden, aber der Sperber bleibt noch eine ganze Weile auf seinem Baum sitzen. Wer nicht weiß, dass er dort sitzt, würde ihn nicht sehen.

28.09.2020

Schon seit Wochen habe ich keine Amsel mehr gesehen. Ob „meine" zu den Teilziehern gehören, die sich schon Ende August in Wäldern und Lichtungen treffen, um gen Süden zu ziehen? Ich hoffe, dass es das ist und nicht, dass sie dieser Virus dahingerafft hat. Oder ist Kater Kringel dran schuld? Aber der ist eigentlich schon zu alt, um gesunde Vögel zu erwischen. Die erwischen eher ihn.
Auch die Blaumeisen habe ich länger nicht gesehen. Auch sie gehören zu den Teilziehern. Aber bei ihnen hat ja dieser schreckliche Virus gewütet. Ach, es wäre so ein Jammer um diese kleinen, hübschen Federbällchen.
Dafür sind fünf bis sechs Kohlmeisen da. Sie turnen im Garten, auf dem Rosenbogen und auf dem Apfelbaum herum. Piepsend und scheinbar fröhlich jagen sie sich. Kohlmeisen sind recht gesellig und einige ziehen sogar in den Süden.
Die zwei Tauben plumpsen wieder ein. So ungelenk und plump sie am Boden

wirken, so geniale und leichte Flieger sind sie. Es ist ein Genuss, ihnen dabei zuzuschauen.

30.09.2020

Ich sitze zwischen den beiden Biowiesen und beobachte die emsigen Meisen. Plötzlich kruschelt und knarzt es links neben mir. Einige Zeit sehe ich nichts, aber plötzlich bewegen sich ein langer Halm und ein Blatt ziemlich eigenartig. Ich beobachte die Stelle, bin dabei fast unbeweglich. Dann schaue ich ganz kurz weg. Das halbe Blatt ist in der Erde. Ich kann es nicht glauben. Vielleicht war genau das vorher auch schon so eingedrückt? Ich schaue wieder kurz weg, um die Kamera einzustellen und sehe aus den Augenwinkeln, wie der Halm und dann das Blatt im Erdboden verschwinden. Das ging so schnell, dass ich es mit der Kamera nicht aufnehmen konnte. Das Blatt war immerhin etwa drei bis fünf Zentimeter groß. Der Halm war bestimmt dreißig Zentimeter lang. So ein Ding! Richtig aufregend ist das. War es

eine Maus? Oder war es ein Regenwurm oder ein Engerling? Können die das in solch einer Geschwindigkeit?
Auf jeden Fall war es eine beeindruckende Begebenheit.

02.10.2020

Obwohl es ziemlich kühl ist, habe ich wieder draußen mit den Vögeln gefrühstückt und dann noch mein Tagebuch geschrieben. Viele der Beobachtungen der Vögel und Mäuse und Igel, die manchmal so lustig sind, dass man sie kaum glaubt, vergesse ich sonst. Daraus sind schon viele Geschichten entstanden.

Und ein Highlight: Nach langer, langer Zeit war mal wieder eine Blaumeise da. Vielleicht ist sie ein Teilzieher aus dem Norden, die hier Rast macht. Ich frage mich immer wieder, woher die Zugvögel wissen, wo es Futterplätze gibt. Außerdem finde ich, dass sie bestimmt aus Norwegen kommt und von dort das kühle Wetter mitgebracht hat.

03.10.2020

Früh um sieben Uhr war ein ganz eigenartiges Licht. Es war fast unheimlich. So gelblich wie manchmal vor Hagel sah es aus. Eine Stunde später ist der Himmel bedeckt und ein leichter Wind weht. Der Vollmond war vor zwei Tagen und er nimmt bereits wieder ab. Darum ist es so kalt. Wie immer bei abnehmendem Mond. Eine Kohlmeise setzte sich auf den Ast, der in dem Stein auf dem Terrassentisch steht. Sah richtig süß aus. Leider grad keine Kamera dabei. Die Elster schaute vorbei, flog aber gleich weiter, als sie mich sah. Einige Meisen kamen noch zum Fressen. Nur die Spatzen blieben weg. Sie sind ja auch die Spätaufsteher im Vogelreich. Und recht haben sie. Wenn ich nicht raus müsste, würde ich auch noch im warmen Bett liegen.

04.10.2020

Heute war ich schon sechs Uhr draußen. Der abnehmende Mond strahlte ein fahles Licht in einen Teil des Gartens. Seltsam sieht das aus.

Später am Mittag tummeln sich die Spatzen auf dem Apfelästehaufen und auf dem weißen Gänsefuß. Der sitzt voll mit Samenkörnern, die scheinbar besonders die Spatzen gerne mögen. Es weht wieder ein kühler Wind. Er schaukelt die letzten Herbstblumen des Gartens sanft hin und her. Auch die langen, dünnen Weidenäste schwingen mit und werden dadurch sehr stabil und bleiben doch beweglich.

05.10.2020

Früh um halb sieben höre ich lautes Gekrächze in der Nähe. Im Halbdunkel erkenne ich fünfzehn bis zwanzig Elstern, die sich auf dem Hausdach hinten am Garten sammeln. Plötzlich fliegen sie alle gemeinsam los, um sich auf den Bäumen am Bahndamm zu sammeln. Immer obendrauf auf die höchsten und damit auch die dünnsten Äste. Elstern sammeln sich im Winter an ihren Schlafplätzchen. Also müssen sie wohl gerade aufgewacht sein und werden sich nun an ihre Futterplätze begeben. Das ist übrigens bei den Krähen ähnlich. Kein Wunder, beide gehören ja auch zu der Familie der Rabenvögel.

06.10.2020

Der Trupp Kohlmeisen musste heute Morgen warten, weil ich etwas spät dran war. Es war fast acht Uhr, als ich das Häuschen befüllt habe.

Und dann war eine Überraschung. Am Eimer mit den Seerosen. Zuerst dachte ich, es sei ein buntes Blatt, das der Wind bewegt. Aber es war nach über zwei Jahren mal wieder ein Stieglitz. Juchhuuu, ich liebe sie sehr und habe mich vor einigen Jahren jeden Tag über die Stieglitzschule mit dreißig vierzig Jungvögeln und einigen älteren Aufpassern gefreut, wenn sie laut piepend in die Sonnenblumen eingefallen sind. Es war immer ein weithin zu hörendes Spektakel.

09.10.2020

Die letzten Tage hat es nur geregnet. Heute ist es etwas trockener und so klettern die Kohl- und Blaumeisen in den Mini-Sonnenblumen am Futterhäuschen herum. Sie sehen sehr fröhlich aus. Und so bin ich es auch.

Lachen musste ich, als ich bei den Nachbarn auf der Wiese endlich mal wieder eine Amsel gesehen habe. Frau

Amsel versuchte einen Wurm aus seinem Loch zu ziehen. Ich weiß nicht, wer gewonnen hat.

10.10.2020

Die Schreie des Bussards hallen durch die Stille des frühen Samstagmorgens. Wen wird es dieses Mal treffen?
Als ich etwas später das Futterhäuschen befülle, fliegen mich Vögel fast um. So einen Hunger haben sie. Ich beeile mich natürlich sehr, ihnen ihr Frühstück zu kredenzen.

12.10.2020

Nachts ist der Himmel langsam klar geworden. Sehr hoch oben fliegen die Gänse oder Enten schnatternd gen Süden. Man sieht viele kleine Silhouetten wie Perlen aufgereiht durch den hellen Mond sausen.

14.10.2020

Endlich war mal wieder ein Rotkehlchen da. Auch die habe ich lange nicht gesehen. Aber ich weiß, dass sie bei den Nachbarn gebrütet haben.

Und aus der etwas entfernteren Nachbarschaft hörte ich, dass ein Schwarm Buchfinken gesehen wurde. Es werden wohl die Weibchen und die Jungen sein. Ich las im Internet, dass die Männchen hierbleiben. Ich meine auch, dass im Winter immer eines zum Fressen kommt. Diese schönen bunten Vögel sind leicht zu erkennen.

15.10.2020

Fünf oder sechs sehr große Vogelzüge in V-Formation flogen sehr hoch im Himmel über uns hinweg. Seitlich kam von weiter unten noch vier oder fünf kleiner hinzu, die sich dann vereinigt haben und gemeinsam schnatternd von Bückeburg aus durch die Porta Westfalica gen Süden flogen. Gute Reise! Kommt im Frühjahr gesund wieder!

17.10.2020

Die Meisen haben mich schon wieder sehnlichst erwartet. Sie tanzten aufgeregt und hungrig durch den Wilde Johannisbeerbusch und die Mini-Sonnenblumen.

Im Blumenregal neben der Küchentür habe ich einen Teller mit Mehlwürmern aufgestellt, den die Kohlmeisen schnell erobert haben. Die Wildtierkamera hat dort auch einen guten Platz, um Nahaufnahmen zu machen, falls die Meisen mal nicht so schnell sind.

18.10.2020

Sonntagsfrühstück wieder draußen mit den Vögeln. Mit dicker Jacke und Decke um die Beine geschlagen hält man es sogar im Schlafanzug aus. Das ist doch immer wieder ein Highlight für mich.

19.10.2020

Die zwei Elstern sind wieder da und versuchen, in die kleine silberne Futtersäule zu kommen. Die wackelt gewaltig, denn die Vögel bekommen kaum Halt an dem kleinen Teller und versuchen es aber immer wieder mit Schwung und viel Flügelschlagen.

21.10.2020

Wieder sind zwei Elstern da. Sind sie ein Paar? Bleiben Elstern immer zusammen? Ja, das tun sie. Sie sind lebenslang monogam. Wenn ein Partner stirbt, wird er durch einen jungen Vogel ersetzt. Das erklärt, warum die beiden wie ein altes Ehepaar immer zusammen unterwegs sind. Vielleicht sind die zwei aber auch sauer, weil zwei Tauben ihren bevorzugten Ausguckplatz auf dem Wipfel des höchsten Baums am Bahndamm vereinnahmt haben? Die Tauben tarieren die Luftzüge auf den dünnen Ästen perfekt aus. Natürlich sieht man, dass das nicht so leicht ist. Die Tauben mit ihrem dicken Bauch scheinen dauernd in Gefahr zu sein, dass sie vom Baum fallen. Aber sie halten sich gut.

24.10.2020

Ich hatte Igelfutter herausgestellt. Die Mehlwürmer sind alle weg. Ich hoffe, dass er sie sich geholt hat. Futter am Boden wird immer gerne auch von anderen Räubern oder Allesfressern aufgefuttert. Igel sind tatsächlich Insektenfresser. Körner oder Äpfel vertragen sie nicht. Das vergisst man oft.

Es wird jetzt höchste Zeit, dass sich die Igel einen großen „Wanst" anfressen. Schon bald gehen sie in den Winterschlaf. Auch die jungen Igel sollten genug wiegen. Im Garten habe ich noch nie kleine Igel gesehen. Darum ist „mein" Igel wohl ein Männchen.

25.10.2020

Diese Nacht wurde die Zeit auf die Winterzeit umgestellt, also alles wieder eine Stunde später. Alle müssen sich umstellen. Die Vögel haben sich an die Aufstehzeiten der Menschen gewöhnt. Autos und Licht und überhaupt Aktivitäten beginnen jetzt eine Stunde später. Wir sind sozusagen der Wecker für die Vögel, von dem Sonnenaufgang einmal abgesehen.

Ich höre ganz in der Nähe das leise Fiepen des Rotkehlchens, wenn der Wind nicht weht. Das Flügelschlagen der Spatzen hört man ebenfalls. Sie sind ja oft die Letzten am Futterplatz. Durch die Zeitumstellung sind sie jetzt mit den Frühaufstehern zur selben Zeit da. Die Meisen sind im Trupp unterwegs und klauen sich fröhlich die Körner und Mehlwürmer aus dem Schnabel.

Von Norden her hört man wieder Gänse schnatternd in großer Höhe gen Süden ziehen.

26.10.2020

Der Igel hat seine Mehlwürmer komplett aufgefressen. Ich hatte ihm auch Rührei hingestellt. Das hatte ich in einer Igelgruppe gelesen. Aber das mochte er wohl nicht so gerne.

27.10.2020

Heute früh war das Igelfutter noch komplett da. Aber eine Stunde später war es weg. Vielleicht (oder hoffentlich) haben es die Elstern genommen und nicht unsere langschwänzigen Großmäuse. Die schwarz-weißen Vögel sind Allesfresser und stolzieren erhobenen Hauptes sehr zufrieden nickend auf der Wiese herum.

28.10.2020

Zwei Tauben und die beiden Elstern streiten sich um das Igelfutter, das wieder liegen geblieben ist. Wobei die Tauben solch ein Futter eigentlich gar nicht fressen. Seltsam. Ist wohl einfach Futterneid, weil es eben Futter ist.

31.10.2020

Eine Blaumeise will dauernd ins Wohnzimmer und fliegt fast gegen das Fenster. Sie sieht sich wohl darin. Oder will sie durchfliegen und wird quasi von sich selber als Spiegelbild davon abgehalten? Ich kann doch nicht andauernd die Rollladen unten lassen. Sorry, Vögel. Aber ich mache noch einige weiße Vogelsilhouetten von außen ans

Fenster. Hoffentlich hilft das, Euch vom
Fenster abzuhalten.

02.11.2020

Plötzlich ist es zwanzig Grad warm. War herrlich, draußen zu frühstücken. Viele Meisen, Tauben und Elstern kamen gut gelaunt hinzu. Und ein ziemlich dicker Grünfink war da. Ich glaube, es war ein Grünfink. Ganz genau konnte ich es nicht erkennen. Auf jeden Fall hat er gut gefressen.

04.11.2020

Beim Frühstück waren heute fünf Elstern gleichzeitig da. Eine hatte die Lage gepeilt und dann mit „Krächsekeck" die anderen gerufen. Zwei Tauben waren ebenfalls da. Als ich rauskam, hatte ich sie aufgeschreckt. Eine hatte aber wohl so großen Hunger, dass sie nur kurz aufflog, sich unten noch ein Korn holte und dann erst damit flüchtete.

06.11.2020

Spätabends, so gegen 22.30 Uhr hörte ich sehr weit oben das leise Geschnatter der

Gänse oder Enten auf ihrem Flug nach Süden. Da kaum Autos fuhren, konnte ich es gerade so vernehmen. Mir fiel das Lied „Wildgänse rauschen durch die Nacht" ein. Allerdings sind die Gänse des Liedes Kampflieger, die nach Norden fliegen. Die Melodie mag ich trotzdem sehr gerne und summe sie oft, wenn ich das Geschnatter höre.

07.11.2020

Drei Elstern waren schon da, als ich das Fenster morgens geöffnet habe. Sie erschraken sich und kamen leider nicht wieder. Auch nicht, als ich das Futter aufgefüllt hatte.

Drei Späher der Spatzenbande sausten herbei. Auf dem Ast des Apfelbaums, der herunterhängt, legen sie ihre Federn an, um dann schnellstens loszuschießen, damit sie den anderen berichten können: Futter ist da, Mensch sitzt draußen beim Frühstück, ist aber gleich fertig.

Die Meisen stören sich ja nicht an meiner Anwesenheit und fressen schon mal die besten Sachen weg.

08.11.2020

Die Meisen warteten schon wieder. Sie kamen ganz nah an mich heran. Einige sind recht klein. Ob sie vielleicht doch mal auf die Hand kommen? Als ich heute zuerst zur Futtersäule ging, bekamen sie fast Panik, dass ich sie vergessen könnte. Obwohl sie ja kein Problem damit haben, an der Futterstelle zu fressen.
Sehr leise hörte ich wieder Gänse oder Enten Geschnatter. Sie flogen gen Norden. Das heißt wohl, dass sie eine längere Pause hier in der Gegend machen und jetzt auf dem Weg vom Schlafplatz zu ihrem Futterfeld sind.

10.11.2020

Heute früh war es sehr nebelig und recht kühl. Sogar die schnatternden Zugvögel sind erst spät zu ihrem Futterplatz geflogen. Die Langschläfer kommen auch erst gegen halb zehn angeflogen.

11.11.2020

Im Efeu"baum" raschelt und knistert es gewaltig. Vermutlich verlustiert sich die gesamte Spatzenschar darin. Es fallen ständig trockene Blätter heraus.

14.11.2020
Die Spatzen zanken sich um ein besonderes Korn. Die „Diskussion" dauert eine ganze Weile.
Hoch oben fliegt ein Storch vorbei. Viele von ihnen bleiben inzwischen auch im Winter hier bei uns in Ostwestfalen.
Die Spatzen sind immer noch wütend aufeinander und jagen sich um den Apfelbaum herum. Wenn sie sich verausgabt haben, dann vertragen sie sich wieder und machen einen auf Schmusefamilie.
Eine Gans hatte wohl verschlafen. Sie fliegt eifrig schnatternd ganz allein zum Futterplatz.

15.11.2020
Herrlicher Sonnenaufgang: rosa, rot, orange, grellgelbe Sonnenstrahlen und die schwarzen Bäume als Silhouette davon. Dann noch die Gänse in kleiner V-Formation, die direkt in die Sonne zu

fliegen scheinen. Kitschiger geht es kaum, aber schöner auch nicht. Das Wetter scheint gut für den Weiterflug nach Süden zu sein. Alle paar Minuten kommt eine Gruppe und fliegt durch die Porta Westfalica. Die Elstern sondieren noch die Lage, aber die Meisen und Spatzen frühstücken mit mir. Man merkt ihnen an, dass es wunderbares Wetter zum Späßchen machen ist.

18.11.2020

Es wird wieder kälter und stürmisch. Die Vögel kommen auch später ans Futterhäuschen. Sie schlafen auch länger. Zaunkönige zum Beispiel kuscheln sich schon mal mit fünf, sechs Kumpels zusammen in einen leeren Nistkasten. So überstehen sie Stürme und Frost sehr gut.

21.11.2020

Endlich ist mir das Foto gelungen! Die Elster hängt sich an die Futtersäule und versucht die Körner aus dem Plastikeinsatz zu bekommen. Alles schwankt wie verrückt, aber sie krallt sich

fest und begreift endlich, dass die Körner
vor ihren Füssen auf dem Teller liegen. Sie
biegt sich, schwankt, der Schwanz
bekommt keinen Halt, aber im Absturz
ergattert sie ein Korn, das sie
triumphierend auf die Wiese trägt. Sieg
auf der ganzen Linie. Die anderen Elstern
versuchen das auch. Aber keine andere
schafft es.

*Die Elster schaffte es, sich an dem Teller der
Futtersäule festzukrallen und Körner zu fressen.*

23.11.2020

Vier Elstern streiten sich böse mit einigen Krähen unter der Futtersäule. Ob die Krähen es auch versuchen möchten, den Teller zu erobern?

27.11.2020

Der erste Frost ist da. Die Wassernäpfe frieren ein. Ich stelle immer wieder neues Wasser hin. Die Tiere haben alle Durst. Der Igel macht es richtig. Er schläft bis zum Frühjahr. Die Vögel müssen darben. Aber sie haben ja mich und viele andere, die ebenfalls füttern.

Seit Corona uns dieses Jahr in Lockdowns geschickt hat, haben Vögel viel mehr Freunde gefunden. Fenster auf und schon kann man sie beobachten. Und wer sie füttert, hat einen Naturkanal mehr zum Fernsehen.

Am Häuschen bleibt es heute sehr ruhig.

30.11.2020

Endlich gibt es wieder Regen. So schön ein warmer Herbst ist, der Regen, der jetzt

fällt, ist so wichtig für die Natur im
nächsten Jahr!!!

02.12.2020

Die Nacht war frostfrei und es ist etwas milder als die letzten Tage.

Die fünf Elstern sind wieder da. Eine sitzt als Aufpasser auf dem Baum und die anderen schlingen die Körner herunter. Dann wird gewechselt, damit auch jeder etwas abbekommt. Der Aufpasser hat oftmals keine Geduld mehr zu warten. Mit sehr lautem, ungehaltenem Gekrächze wird zur Eile gerufen.

04.12.2020

Fasan Karl-Fridolin gibt sich mal wieder die Ehre. Er ist ein Prachtkerl. Genau wie das Rotkehlchen, das wie ein Model vor der Wildtierkamera posiert.

Ganz hinten im Garten steht ein „Zuckerhut". Das ist eine Fichtenart. Sehr dicht und bei mir ist sehr hoch und breit. Und sie ist ein Paradies für Vögel und offenbar andere Tiere. In diesem Jahr hatte sich dort eine Wespenkönigin eingenistet und ein riesiges Nest gebaut.

Bis auf die jungen Königinnen stirbt das Wespenvolk im Herbst ab. Das Nest bleibt und verrottet. Die Elstern haben sich daran zu schaffen gemacht und es abgebaut. Erst da habe ich gesehen, wie groß das Ding war.

Abends ist das Futterhäuschen fast leer, obwohl ich wieder kaum Vögel gesehen habe. Aber ich schaue auch nicht den ganzen Tag nach ihnen. Die Meisen sind scheinbar kaum gekommen. Der Teller mit Mehlwürmern im Regal neben der Küchentür ist noch voll.

06.12.2020

Die Kälte gepaart mit der Nässe zieht so in die Knochen, dass man mehr friert als eigentlich notwendig.

Ein klitzekleiner Vogel piept oben in der Spitze der höchsten Tanne. Ich kann ihn nicht ausmachen. Den Gesang erkennt meine Vogelbestimmungsapp auch nicht.

Abends wurde es recht kalt. Als ich eine - Sofadecke unter der Tanne ausgeschüttelt habe, stoben einige Spatzen aufgeschreckt aus dem Geäst heraus. Sie müssen wohl sehr tief gesessen haben. Normalerweise stört sie mein Auftauchen nicht.

13.12.2020

Die ganze Woche über war es kühl und nasskalt, aber es fiel kein Regen. Die Futterhäuschen sind manchmal nicht ganz leer. Das heißt, dass weniger Vögel da waren. Sie verstecken sich sicherlich auch, aber es kann sein, dass viele jetzt erst ihre Reise in ihre Überwinterungsgebiete antreten. Es war den ganzen Herbst über viel zu warm, weshalb sie vielleicht jetzt erst losziehen. Die, die von hier in den Süden fliegen, sind schon weg, aber die, die von Norden her zu uns kommen, sind noch nicht da. An meiner Überlegung muss wohl etwas sein, denn die Facebook-Gruppen über Wildvögel sind ebenfalls voll davon. Also ist es in ganz Deutschland so.

18.12.2020

Die Tage sind so kurz, dass ich nur wenige Vögel sehe. Rotkehlchen, Spatzen, nur noch wenige Meisen kommen zum Fressen.

Dafür ist Fasan Karl-Fridolin wieder da. Meine Fotos vom letzten Jahr, die ich auf WhatsApp gepostet habe, haben wohl Eindruck hinterlassen. Einige meiner Bekannten posten jetzt auch welche von Fasanen, die bei ihnen aufgetaucht sind. Vielleicht gibt es dieses Jahr aber auch mehr als sonst.

26.12.2020

Die Amseln waren mal wieder da. Möglicherweise sind sie das begehrte Jagdobjekt des Sperbers, den ich erstmals im Apfelbaum gesehen habe.

Das Wetter ist wirklich sehr stürmisch. Fast wie verspätete Herbststürme oder verfrühte Frühjahrsstürme. Das Wetter ist so durcheinander, dass man das nicht mehr so genau sagen kann.

Die Vögel kommen meistens um die Mittagszeit herum, um sich satt zu fressen.

28.12.2020

Heute ist es so windstill, dass man bald Angst bekommt. Ist es die Ruhe vor einem sehr starken Sturm? Ein wenig sorgenvoll schaue ich hinaus.

31.12.2020

Morgens um acht Uhr war Kamikaze Amsel da. Ich nenne sie so, weil Kater Kringel sie so nah an sich heranlässt, dass man denkt, sie will, dass er nur noch das Maul aufmacht und zuschnappt. Oder ist es eine Mutprobe? Ist es ein junger Abenteurer, der ständig Adrenalin benötigt?
Viele Spatzen waren heute Mittag da. Die Elstern hingegen gucken nur.

Ich wünsche den Tieren eine gute Silvesternacht. Erstmals wird es bundesweit kein Feuerwerk geben. Das wenigstens hat Corona gut gemacht!

2021

Im Jahr 2021 war Corona fast schon alltäglich. Es hatte das Leben sehr verändert. Ganz besonders die Künstler hatten sich umgewöhnen müssen. Neben der Gastronomie und den Hotels durften sie am längsten nicht auftreten. Der zweite Lockdown in Deutschland hielt noch viele Wochen lang an. Mehr und mehr Menschen mussten unterstützt werden, weil sie zum Geld verdienen keine Möglichkeit mehr hatten. Sehr viele Arbeitnehmer durften/mussten im Homeoffice arbeiten, sodass immer noch recht wenige Autos fuhren und noch weniger Flugzeuge flogen, was der Natur guttat.

Dennoch war die Natur nicht mehr im Fokus der Menschen. Der eigene Überlebenskampf war vorrangig. Dass die Natur leidet und dass der Klimawandel in vollem Gang war, das verschwand aus den Köpfen der meisten Menschen. Selbst die jungen Leute, die mit Fridays for Future eine wahre Natur- und Klima-Euphorie in Gang gesetzt hatten, schienen verstummt zu sein. Da sie sich nicht treffen konnten, fand vieles online statt. Das wiederum verfolgten nicht so viele. Das fand in der typischen Social Media Bubble statt. Natürlich kann auch das viel bewirken, aber es traf nicht mehr den Nerv der Zeit der Einsamkeit, den uns Corona aufdrückte.

Aber auch die Tiere hatten inzwischen einige Gewohnheiten verändert. Dadurch, dass es viel wärmer als früher war, hatte ich den Eindruck, dass sie auch früher mit der Brutsaison anfingen. Diejenigen, die aufgrund des Klimawandels hiergeblieben waren, hatten mehr Zeit, sich um Nistplätze zu kümmern. Diejenigen, die als Standvögel sowieso hier waren, fingen auch früher an. Immer noch meinten viele, dass die Vögel nicht früher brüten. Aber ich beobachtete bereits im Januar Aktivitäten, die ich zumindest als Vorbereitung für die Brutzeit interpretierte.

Gut an Corona war, dass viele Menschen im Garten gearbeitet haben und sich sogenannte Insektenwiesen angelegt haben. Zwar stehen die meistens recht isoliert, sodass im nächsten Jahr die Insekten bei der Vermehrung oftmals auf Inzucht zurückgreifen müssen, denn viele Insekten können gar nicht einige Kilometer weit fliegen, um neue Partner zu finden. Aber ich finde es immer noch besser, wie nichts. Viele Gemeinden haben Blühstreifen in Straßengräben Straßenrändern angelegt. Die sehen wirklich hübsch aus. Aber auch damit sind nicht so viele Naturschützer glücklich, denn für die Blühstreifen wurden die vorhandenen Biotope vernichtet. Und Straßenränder sind oftmals noch die einzigen Oasen für die einheimischen Insekten, die nicht so beliebt wie Bienen sind.

Meine täglichen Notizen über das Leben an meinem Vogelfutterhäuschen endeten am Silvesterabend des Jahres 2020.

Ab Neujahrsabend am 1. Januar 2021 wurde meine Aufmerksamkeit auf ein neues Tier gelenkt. Als ich abends noch einmal kurz zur Straße hochging, sah ich im fahlen Licht der Straßenlaterne etwas Weißes im Gras des Straßengrabens. Zuerst dachte ich, es sei ein Stück Papier. Plötzlich bewegte es sich und hoppelte über die Straße in den Garten gegenüber. Mein Herz blieb fast stehen. Gottseidank war kein Auto gekommen. Am nächsten Tag war das Kaninchen wieder in dem Straßengraben und fraß genüsslich das Gras und die Kräuter, die aufgrund der warmen Temperaturen gewachsen waren. Ich blieb stehen und als ob es das als Einladung aufgefasst hatte, hoppelte es unsere Einfahrt hinunter und sah mich erwartungsvoll an. Mir fiel ein, dass ich noch frischen grünen Salat hatte. Schnell sauste ich los und offerierte dem weißen kleine Kerl ein Blatt. Er lehnte kopfschüttelnd ab, als wolle er sagen, etwas Besseres hast du nicht zu bieten?

Da er jeden Tag wieder kam, kaufte ich Gemüse, dass mir eine Freundin empfahl, die selber Kaninchen hat.

Erstaunt stellte ich fest, wie viel Grünzeug so ein kleiner Kerl verputzt. Mit solchen Mengen hatte ich nicht gerechnet. Aber ich stellte Hoppel, wie ich ihn passenderweise nannte, immer an dieselbe Stelle Futter hin. Außerdem postierte ich eine Wildtierkamera, die mir zuverlässig anzeigte, dass er wirklich fast jede Nacht zwischen 23 und 4 Uhr morgens zum Fressen kam. Aber er kam auch früher und so freundeten wir uns an. Ich konnte ihn sogar streicheln. Diese besondere Aufmerksamkeit ließ Kater Kringel sehr neidisch werden. Und als Hoppel den Platz unter der Zaubernuss eingenommen hatte, da war es für Kater Kringel klar: Das ist ein Feind, der muss weg. Die beiden vertrieben sich gegenseitig. Denn Kaninchen Hoppel war sogar etwas größer als Kater Kringel, der aber seine vollen sechs Kilogramm in die Waagschale warf und ihn jagte. Hoppel kam aber immer wieder und so bekam leider der Nachfolger von Fasan Karl-Fridolin des Katers Frust zu spüren. Er wurde noch heftiger angegangen als bisher.

Hoppel kam ein halbes Jahr lang. Dann hatte ihn vielleicht doch ein Greifvogel erwischt, die zu der Zeit des Öfteren bei mir am Haus zu sehen waren. Möglicherweise war es aber auch ein Auto, dass ihn angefahren hat. Wie ich später hörte, hatte Hoppel durch seine Überläufe auf unsere Straßenseite schon einige Karambolagen verursacht. Sein Kumpel, der große braune Hugo war klüger. Er ging nur zu den Nachbarn auf seiner Straßenseite.

Durch Hoppel waren die Vögel etwas zweitrangig geworden, aber dennoch gab es 2021 einige besondere Erlebnisse mit ihnen, die ich noch einfügen möchte. Zum einen zeigen diese Einträge tatsächlich auch den Klimawandel, der die Futterquellen und die Brutzeiten der Vögel doch sehr verändert.

10.01.2021

Ein Blaumeisenpärchen scheint schon ein Nest im Nistkasten am Apfelbaum zu bauen. Beide wollen gleichzeitig in das kleine Flugloch hinein und drohten festzustecken.

Ein Rotkehlchen holte sich Körner von den Meisenknödeln im Haselnussbusch. Es scheint allein zu sein.

12.01.2021

In der Regenrinne an dem Erker von Nachbars Dach kloppen sich zwei Spatzenmännchen um eine Spatzenfrau und um den besten Platz für das Nest.

Ich dachte noch, dass das viel zu früh sei und hoffte, dass kein Frost käme.

Aber er kam. Nachts wurde es minus zehn Grad. Durch den Nestbau hatten die Vögel aber hoffentlich einen warmen Übernachtungsplatz. Selbstverständlich stellte ich viel mehr Futter hinaus.

07.02.2021

Nach dem Blitzeis am Anfang der Woche ist heute viel Schnee gefallen. Und nun ich Schluss mit lustig bei den Vögeln. Um jedes Körnchen gibt es heftigen Streit. Ich stelle mehr Futter heraus, hänge noch mehr Meisenknödel auf und lege einige sogar auf den Terrassentisch. Die holen sich die Krähen. Und zwar im Ganzen! So viele Knödel habe ich nicht mehr und fahren möchte ich bei dem Wetter auch nicht unbedingt. Also zerkleinere ich sie mühsam. Die Vögel brauchen viel Fettfutter, wenn es so kalt ist. In einer kalten Nacht verbraucht eine Blaumeise bis zu 50 % ihres Körpergewichtes. Also stehe ich sehr früh auf, damit sie nach dem Aufwachen sofort ihr Futter vorfinden können.

13.02.2021

Ungewöhnlicherweise sind es heute Morgen minus 19°. Der Frost bleibt noch einige Tage lang. Aber schon vier Tag später sind es bereits zehn Grad plus. Mir tun die Knochen weh, aber ich kann losfahren, um Futter zu kaufen. Die Geschäfte für Tiernahrung dürfen trotz Lockdown Ware verkaufen.

März 2021

Seit Ende Februar kommt der Fasan Karl-Fridolin, der Zweite, mehrmals täglich zum Futterhaus. Also hat er noch keine Hennen erobert. Aber bald wird das prächtige Tier seine Horde zusammen haben. Ende März kam ein anderer Fasan erstmals mit einer seiner Hennen in den Garten. Eine Krähe hat sich das abgetrocknete Grün von den Ringelblumen aus der Erde gerupft. Sie braucht es wohl für den Nestbau. Gut, dass ich es stehengelassen habe.

Am 20. März ist unser Ehrentag:
"Tag des Spatzen"

"Aber es ist auch der
"Tag des Glücks.
Was macht dich
glücklich?"

"Ein ordentlicher Happen
und ein Schwätzchen mit dir."

Und was macht dich glücklich?"

"Mitten in
den vollen
Futterteller
fliegen ..."

(C) Susi Menzel, Minden

Der Besuch eines Vogels

Futterpflanzen für Vögel

Ein Plädoyer für wilde Gärten

Neben Holunder, Weißdorn und Vogelbeere als Gehölze gibt es diverse Futterpflanzen für Vögel. Oftmals werden sie als Unkraut oder Beikraut bezeichnet. Ich bevorzuge das Wort Wildkräuter, denn die isst der Mensch mit Vergnügen und zahlt viel Geld dafür. Aus seinem eigenen Garten hat er sie jedoch oftmals eliminiert. Aus Unwissenheit oder eben, weil „man" das so macht. Dabei ist ein recht breit gefächertes Nahrungsangebot nicht nur für Menschen, sondern auch für Vögel und andere Tiere außerordentlich wichtig. Und auch die Insektenfressenden Vögel haben einen großen Nutzen davon. Wenn diese Pflanzen nämlich blühen, zieht das unweigerlich Insekten an, die sich den Nektar daraus holen. Deshalb können fast alle Vögel ihre Jungen mit dem lebensnotwendigen Eiweiß für die Aufzucht versorgen.

Sonnenblumen, Fetthenne, Löwenzahn, Ringelblumen und sogar Brennnesseln sorgen in Maßen genossen für eine ausgeglichene Ernährung und manchmal sogar für Heilung.

Efeu möchte ich besonders erwähnen. Er dient ganzjährig als Schutz vor Regen, Kälte und Hitze und ist begehrte Nistmöglichkeit. Außerdem ist er eine der wichtigsten Nahrungsquellen für Insekten und Vögel. Wenn sich im Herbst die Blüten öffnen, sind sie die fast letzten Nektarspender des Jahres für Bienen und andere Insekten. Wenn am Ende des Winters die Beeren ausgereift sind, holen sie sich die ausgehungerten Vögel furchtbar gerne, sind sie doch die ersten Beeren des Jahres.

Über die Autorin:

Susi Menzel schreibt gerne Tiergeschichten. Vögel, Igel, Rehe, Bienen, Katzen, Hunde Libellen und andere Tiere, die ihr im Garten oder auf Reisen begegnen und die sie faszinieren, sind in ihren Geschichten vertreten.

Ihre Geschichten und Online - Lesungen finden Sie auf der Internetseite der Autorin: **www.smenzel.de**

In der Rubrik: „**Lies mal wieder**" gibt es in (un)regelmäßigen Abständen für kurze Zeit Geschichten und Gedichte unterschiedlichster Art zu lesen.

In der Rubrik **„Hör mal doch rein"** gibt es **Podcasts**, die die Entstehung der Bücher „Das Leben am Vogelfutterhaus – Die Geschichten" und „Das Tagebuch" begleiten.

Es gibt auch viele **Videos** mit Tier- und Naturaufnahmen auf der Internetseite.

QR-Code zur Internetseite
https://www.smenzel.de

Das Leben am Vogelfutterhaus – Die Geschichten

An meinem Futterhäuschen ist immer sehr viel los. Amsel, Rotkehlchen, Kohlmeise, Spatz, Blaumeise, Fasan, Zaunkönig, Dompfaff & Co. wollen schließlich auch einmal zu Wort kommen. Sie erzählen auf ihre Weise von den Erlebnissen, die sie an einem Vogelhäuschen erlebt haben. Aber sie sprechen auch von ihren Sorgen um die Natur und das Klima.

Auf sechs Seiten gibt es Farbfotos
Paperback ISBN 9783756216055
E-Book: ISBN 9783756269853

Von Heute bis Gestern

Gedichte sind immer eine Quintessenz aus persönlichem Leben und Umfeld, egal, ob sie lustig, traurig, makaber, nachdenklich oder politisch sind oder alltägliches zum Thema haben. Wer das Glück hat, einen Garten zu haben, der hat auch immer wieder Begegnungen mit Vögeln und anderen Tieren, die selbstverständlich auch immer wieder dazu anregen, Gedichte über sie zu schreiben.

Das Hardcover mit Schutzumschlag, vielen Fotos Lesebändchen und Zeichnungen gibt es

ISBN: 9 783754 343562

Auch als Ebook erhältlich

186

Schnecke und Amsel im Land der Farben

Eine Geschichte über Freundschaften, die Wirkung von Farben und über Tiere und Pflanzen. Schnecke möchte unbedingt in das weit entfernte Land der Farben. Nun ist eine Schnecke bekanntlich nicht sonderlich schnell. Da verhilft ihr ein Gänseblümchen zu einer „Mitflieg"-Gelegenheit auf dem jungen Amselmann.

Im Land der Farben durchlaufen beide Abenteuer, die geprägt sind von der Wirkung der einzelnen Farben auf Lebewesen...

Paperback, 68 Seiten, 7 farbige
ISBN-13: 9783752686067

Viele Menschen möchten wissen, was ihre Katze macht, wenn sie nicht gerade faul auf dem Sofa liegt, sondern draußen ihr Revier abläuft. Nina wird zur Katze und erfährt, wie abenteuerlich ein Katzenleben sein kann.

188